The Amazing Afterlife of Animals

Messages and Signs From Our Pets On The Other Side

動物也有今生來世

動物靈媒師的美好訊息

凱倫・安德森 Karen A Anderson——著

蔡孟儒——譯

各界好評

「凱倫的這本書從動物的觀點揭開神祕的彼端，讀起來很愉快。我和凱倫相識已久，她很愛動物，接收到的資訊也正確無誤，這兩點我可以掛保證。翻開這本書看看吧，你的心和你家的毛孩都會感謝你從中獲得的知識。」

——《不情願的薩滿》和《回歸佩格．塞耶斯》作者，羅恩．索勒

「這本書超讚！我超愛！我一下激動落淚、一下捧腹大笑地讀完整本書。彼端的毛孩傳來好多美好的訊息，幫助我們度過悲傷的階段。謝謝你，凱倫！」

——丹尼絲．P

「這些靈界的動物與他們所愛的人類之間的溝通故事，是凱倫送給這個世界的禮物，每篇都再眞實不過。如果你失去摯愛的動物朋友，書中的故事將會帶來療癒的效果。家裡有動物的人，這本書將改變你和動物的關係，加深彼此的連結。凱倫謙遜善良的本性在書裡展露無遺，書中以輕鬆語調詳細呈現她的工作，是她身爲動物溝通師、靈媒與通靈人的最佳寫照。」

——艾米．波納科索

「我爲自己和我的貓小吱吱大聲朗讀凱倫的這本新書，讀完後，我說我要給這本書五『心』好評，她說：『我舉四個肉球贊成！』」

——JM

「我對這本書愛不釋手。讀完這本美好的書之後，我不再因爲毛孩離世而悲痛。謝謝你寫出這本充滿深刻見解的書。知道最愛的毛孩仍與我們同在，眞的很令人開心。本書將幫助許多人理解毛孩離世後會發生什麼事。凱倫的這本新書將帶領讀者踏入全新次元，證明毛孩其實仍會不斷向我們傳送訊息。我極力推薦家裡有毛孩的人看看這本書。」

——喬安・安井

「失去最愛的動物朋友總會讓人陷入深層的悲傷，什麼也塡補不了他們離開後留下的空缺。凱倫的新書讓我們知道，原來寶貝一直都在，而且在靈性世界很快樂、過得很好，仍與我們保持充滿愛的連結，幫助我們平復悲傷，再次敞開內心。」

——KF

「凱倫天賦異稟，不只能與離世的動物和人類溝通，還能清楚解釋過程。她把自己與靈界靈魂溝通的過程寫成珍貴無比的故事，爲留下來的人帶來莫大的慰藉。凱倫是個寶藏，這世界有她和她的天賦是我們的福氣。」

——凱倫・凡・溫柯

「我好愛凱倫．安德森的新書，全書以對話方式寫成，讀來輕鬆有趣又能增廣見聞。凱倫將她的個人旅程交織在一篇篇離世動物與離世故人的溝通故事之中，而這趟旅途也圓滿了她的人生意義。

凱倫的故事時而動人、時而令人心碎、時而扣人心弦、時而幽默，但總歸不變的是其眞誠與眞實性。凱倫不僅爲客戶與靈界摯愛建立溝通管道，她也時常以關懷和善心爲出發點，爲客戶提供建議和幫助。我自己就請凱倫做過多次溝通，所以再清楚不過。如果你失去了毛孩或親友，這本書眞的非讀不可。」

——泰瑞莎．梅納

「備受讚揚的動物溝通師與作家凱倫．安德森寫出了一本美妙、引人入勝、充滿閱讀樂趣的作品。裡頭的字字句句都是發自內心！這本書清楚描繪了我們與動物之間的感情。身在動盪不安的時代，是這本書提醒了我，這世界存在神聖秩序和無條件的愛，將我們與源頭和彼此緊緊連繫在一起。動物往往完美展現了純粹的愛，而凱倫與動物的連結非常特別，十分啓發人心。謝謝你，凱倫。謝謝你的智慧與善心，謝謝你爲動物創造了發聲的管道，帶我們一窺你的世界。」

——黛安．W

「我很欣賞凱倫勇於接受自己的使命，也願意分享她的人生旅程。本書的眾多眞實故事帶我們見證了動物的未知世界，邀請我們敞開心胸，學習把動物當成帶著獨特禮物前來的同伴。書中的故事篇篇感動人心，對於大膽探索人類與動物深層關係的讀者來說，絕對是莫大的鼓勵。」

——茱麗．亨德里克森

「凱倫．安德森分享自己從踏出第一步、進入中間階段、經歷進步與挫折，一路到現在的心路歷程，而這趟旅程並不如我們所想的輕鬆。尋找人生使命的旅途往往充滿荊棘、失敗、否定，最後才是接受。她爲人類、毛孩和離世動物的付出，會讓人看到大哭、大笑，也會讓人感受到毛孩抱持的感激之情，無論在世或離世。因爲離世的毛孩並不是眞的消失了，只是我們看不見而已。這本書教會我的事，遠遠超過我這些年讀過的動物靈媒書。凱倫鉅細靡遺地敘述過程，我讀得非常開心，一旦開始看就停不下來了。」

——黛比．高登

「我讀完這本書後感到釋懷，原來死亡並不是終點，我和毛孩的關係也不會結束。動物在犯罪現場協助辦案的故事實在太神奇了，令我大開眼界。」

——艾德麗安

「凱倫．安德森的書集結了多篇感人故事，深入描寫人類與摯愛毛孩充滿愛的連結。凱倫證明了即使最愛的毛孩離世，他們其實從未離開。她教我們辨認毛孩留下的線索，讓我們知道寶貝仍與我們同在。」

——珍妮斯．馬吉爾

「每次我拿起這本書來讀，我就會感受到自己對過往的動物朋友的愛，而我現在養的貓也會受到吸引，紛紛依偎在我旁邊，全程陪著我看書。自從我更理解毛孩對我的情感之後，我覺得我們的關係更親密了。凱倫打開了我的心房，讓我知道靈魂不滅，以及毛孩對我的愛，我對此十分感激。我以前在動物收容所工作認識的許多朋友，肯定會因爲此書受惠無窮。」

——辛蒂・K

「正在爲了毛孩離世而痛苦不已的各位，一定要讀凱倫寫的這本書。她清楚提醒了我們，一切都是爲了愛。動物一心專注在愛與樂趣，我們卻被『臨終』或是該如何幫助動物安然離世的念頭困住。如果你還有疑慮，請務必看看這本書。不論你對離世毛孩還有什麼糾結，讀完後一定都能放下。」

——法蘭・貝爾

「我超喜歡這本書，簡直愛不釋手。書裡的故事超暖心，毛孩的訊息超療癒，我不禁放聲大笑，也讀到淚流滿面。」

——克萊汀・洛伊德

「談悲傷的那章對我幫助很大。失去摯愛這條路我走過很多遍，但是對其他人而言，如果能更深入理解失去這件事，肯定助益良多。我也很喜歡書裡教大家如何面對失去毛孩的人，哪些話該說，哪些話不該說，這在面對失去親友的人同樣受用。」

——芭波・E

致吾愛

丹尼·R

曾與最愛的動物同伴別離，承受著痛苦與無盡悲傷的人，
本書獻給你們。
我也要將本書獻給人間和靈界的所有動物，
謝謝你們用愛豐富了我們的人生。

contents

c o n t e n t s

c o n t  e n t s

contents

推薦序

無論你的毛孩在世或離世，本書都能讓你們的關係提升到新境界！

安妮・卡根醫師

我向來很愛動物，貓、狗、大象、馬、老虎都愛。好吧，蛇不算。所以幾年前，我去聽了一位動物溝通師的演講。當時我還不太清楚動物溝通是什麼，但感覺很不錯。那位溝通師秀出各種動物回應她的照片：大象彎下身子與她頭碰頭、馬兒親吻她的臉頰、加州海灘上一隻港海豹躺在她的大腿上，讓我印象十分深刻。

所以當我的貓強尼天使出現問題時，我就想到可以去做動物溝通。

一位共同朋友推薦我聯絡凱倫・安德森。我打給凱倫預約時，她問我是不是寫《死後人生》（*The Afterlife of Billy Fingers*）的那位安妮・卡根。

我回答是，凱倫立刻興奮地說那是她的愛書。她說她相信我們所愛的故人就在靈界，他們會給暗示，讓我們知道他們就陪在身邊。他們也會繼續自己的旅程，直到下次再相遇。凱倫讀那本書讀得津津有味，尤其是我懷疑死後來找我的哥哥比利是我自己幻想出來，以及比利是如何不斷暗示我、給出各種精準到令我吃驚的訊息。這些暗示和訊息是他眞實存在的鐵證。就算我不想相信，比利帶領我看見的死後人生旅程無疑是眞的。我們眞的都是神聖永恆的存在。

凱倫也透露她能和靈界的動物溝通。我相信毛孩也是靈魂，我們會在死後世界相遇，所以凱倫所說的並非不可能。

我和凱倫進行的那場溝通讓我大開眼界，各方面都遠遠超乎我的預期。她直接替強尼天使傳話，就好像他在對我說話，而且內容只有我們彼此才懂。溝通才開始幾分鐘，我已經忍不住哭起來。凱倫無法完全理解她接收到的訊息，但我一聽就明白。透過凱倫我才知道，強尼覺得自己不如家裡另外兩隻先領養的貓來得重要。一旦我意識到他的感受，我們很快就把問題解決了。

溝通結束後，凱倫詢問我能不能讀一下她的書。一想到她幫了我家貓咪這麼大的忙，我便欣然答應，當時我還不知道自己手上拿的是多棒的書。凱倫與那隻鴿子的動人對話，一步步成爲動物靈媒的精采之路，以及她對我們摯愛的毛孩所擁有的寶貴智慧，每一頁都讓人連連稱奇，發人省思。

無論你的毛孩在世或離世，凱倫都能讓你們的關係提升到新境界！

（本文作者爲國際暢銷書《死後人生：我那死去的哥哥現示死後世界眞的存在，以及在那裡的生活點滴》作者）

推薦序

帶你從全新的觀點認識死後的生命

派翠夏・卡靈頓博士

當今世界出現一股高漲的情緒，我認爲這反映了這個時代正在醞釀的改變：人們似乎能抱持更開放的心態，面對肉眼看不見但實際上仍具影響作用的力量。

我對這個發展趨勢認識頗深，因爲多年來我一直在「眼見爲憑」這種受局限的思想流派裡打滾。各界科學家，包括我們心理學家，花費大量心血企圖證明看不見的東西確實存在。

這種研究態度正在逐漸轉變。以我自己爲例，我不再如過去於普林斯頓大學任教時那般謹愼地「實事求是」，也不再假裝自己是「正統的科學家」，因爲我知道這世界遠不僅於此。我之所以會改變想法，一大部分是因為我親愛的貓丹迪在二〇一五年的耶穌受難日離開了塵世。

丹迪似乎代表了這世上許多展現出特殊知識的毛孩。以我為例，我會認識凱倫．安德森、踏入動物溝通的世界，以及寫書介紹毛孩的內在深處生命，都是丹迪的緣故。

我是臨床心理學家，也是作家。你也可以說我是創新家，我向來對全新的方法、嶄新的領域等極有興趣。但是我發現過去幾年，我的觀點不斷在拓展，說起來實在很有意思。莫非世上出現了什麼新變化？

我想答案是肯定的，而且這個「新變化」是由眾多無名英雄所開創，很多時候更反映出家裡寵物的智慧。有時我眞心認為這些動物在我們生命中扮演的角色，比我們以為的更加深奧。

會不會，動物其實是我們的守護者？或許他們來自另一個國度，能用獨一無二的方式幫助我們敞開心胸？說來不無可能。

身爲心理學家，馴養動物與人類間的情感，其背後意義向來是我特別感興趣的主題。這份情誼自遠古以來就存在。人類或許不願承認，但陪伴在身邊的動物逝世時，我們經歷的悲痛往往不亞於失去親友的痛苦，足見這些動物在我們生命中的分量。

爲什麼會這樣？

我認爲其中一個理由是儲存在人類基因中的集體經驗，也就是靈魂的記憶。這種反應或許可以回溯至以前人類還跟毛孩一樣眞誠單純的時代。雖然我們很少公開承認這點，不過從許多層面來看，毛孩是「更好的」我們，更眞實、更單純、更純淨透澈。我們發自內心重視這些特質，而且也十分嚮往。我們欣賞毛孩正直單純、充滿愛的本質，卻很難以同樣的心態看待人類，也很難如信任動物那般輕易信任人類。動物眞切展現了靈魂純粹的那一面，很少人類能做到這一點。

簡單來說，如果所有條件都相同，比起人類的愛，我們更相信動物的愛。我們知道動物本性眞誠，而且毫不懷疑。動物實際上是我們的模範。你遇過跟毛孩一樣寬容、忠貞不二的人嗎？人類社會處處充斥著僞善，動物世界則沒有半點虛僞。有多少人能像動物一樣，每天都用百分百的眞心對你？

凱倫．安德森的這本書寫到另一個國度的事，讀起來很有意思。書中帶我們從全新的觀點認識死後的生命，想當然爾也因此帶我們重新審視當下的生命。我十分推薦各位好好享受書中一則則引人入勝的冒險旅程，打開你的眼界。

（本文作者爲美國紐澤西州立羅格斯大學醫學院精神病學系兼任教授、《毛孩的祕密內在生命》作者）

前言

歡迎來到我的世界

已經不在人世的狗，竟然知道他的人類媽媽早餐吃了什麼？剛過世的狗告訴我，他的人類媽媽患了可能致死的疾病，這有可能嗎？離世的貓有辦法提供足夠證據，協助偵破謀殺案嗎？

天啊！這些事太過誇張，如果不是發生在我自己身上，我八成也會懷疑作者瘋了。但這些事確確實實發生了，所以我有必要跟各位解釋清楚。我會帶大家從我們所處的實體世界，穿梭到離世動物所處的靈界，分享之間發生的種種故事。

歡迎來到我的世界，這裡是複雜的多維度動物國度，有著動物的能量、死亡、瀕死經歷和死後生命。這趟旅途上，我會針對每個主題分享一些經驗與見解。我對這些主題的理解並不比其他靈媒更深入，但是我有實際證據能證明這些經驗完全爲眞。當然，懷疑論者會說這些稱不上科學證據，也不能在實驗室用培養皿重現。或許不信者恆不信，但這些都是過去二十載，我和上千名客戶共同親身體驗的證據。

爲什麼想跟離世的毛孩溝通？

即使毛孩逝世，他們仍把你視爲最重要的人。我實在想不出任何理由不跟離世毛孩溝通。世上有多少人，就有多少想跟毛孩溝通的理由，不過大多數人都有幾個共通的主要目標。

首先，我們想確定毛孩很安全、無病無痛，或是已經在靈界與其他逝去的人類或動物團圓。我們想傳達愛與思念，想聽到毛孩說這輩子過得很快樂，對於生命末期受到較多折磨的毛孩尤其如此。毛孩給了我們無盡的愛、陪伴與值得珍藏的時刻，所以我們想表達謝意，並進一步加深這份感情。毛孩陪伴我們度過生命中的每個起伏，每次見到我們總是很開心，也渴望吸引我們注意。我們與毛孩之間的情感非常強烈，即使毛孩離世，我們仍覺得必須盡到責任確保他們的死後生命過得快樂。離世溝通能讓我們感覺與毛孩更加親密，表現出對他們的重視，也會更珍惜我們一起在人間共度的時光。

今天你會拿起這本書絕非巧合

離世動物會引導我們遇見特定對象，好讓我們學習。如果你正在讀這個段落，我認爲你的身心靈正在覺醒，你渴求答案與知識，想了解毛孩死後生命的經歷。這趟追尋答案之旅讓你的求知欲越來越強，每則新資訊都推著你繼續前進。

至少我自己就是如此。學到越多，我就越想追根究柢。有可能你是受到離世毛孩的引導踏上這條路，甚至讀到這本書，因爲他們知道我能幫助你更加理解毛孩死亡、離開肉身後會遇到的種種。

我在二十年前走上這條路，如今社會已越來越能接受與動物的靈魂或靈體溝通這件事。或許是因爲許多人都希望動物離世後仍與我們同在，也或是因爲已經有很多人體驗過離世毛孩溝通。

我的建議是，從我或其他可靠的來源接收越多資訊越好。篩選你覺得很有共鳴的資訊，專心鑽研有興趣的領域，其他不必多想。每個人的旅程不盡相同，沒有人知道全部的答案。如果有人宣稱自己知道所有答案，務必離他們越遠越好。

動物是我們的靈界嚮導

隨著你往下閱讀，我希望你能抱持開放思想，了解動物的死後生命，因爲這是千眞萬確的事。如果你原本就相信生命逝去後，靈魂會去另一個美好的樂土，那麼書中的故事會處處印證你對永恆的理解。如果你不這麼想，或不是很確定，希望這本書能輕推你一把，甚至打破你的舊有想法，眞正認識毛孩死後的經歷。

我從過去二十年的實際溝通經驗和個人生命經歷中，精選最難忘、最鼓舞人心的片刻與各位分享。最愛的動物家人離開物質世界之際，我希望能爲你減輕一些由死亡引起的未知、恐懼與憂傷。

另外，書裡也談到我的成長背景、當執法人員的日子，以及最終如何受到指引踏上這條奇特的人生旅途，進入靈媒的世界。如果你也有類似的生命經驗，也許本書能讓你更清楚看見自己的使命。

大部分的案例都使用化名保護當事人隱私，但敘述和訊息內容皆爲完整眞實呈現。也許你想直接跳到最感興趣的章節，但我建議按照順序閱讀，因爲每一章都在爲下一章鋪陳，一步步安排閱讀體驗。如果跳著看，可能會不小心遺漏重要資訊。按照書寫順序才能確保你從最全面的觀點理解毛孩在靈界的經歷。分享軼事時，我把一切細節省略了，所以閱讀時別忘了，每個毛孩和每個狀況都是獨一無二的。

說到底，我最大的希望是這些故事能幫助失去家中寶貝而悲痛不已的人，照亮他們心中黑暗的角落，讓療癒開始發揮作用。你值得幸福快樂的人生，因爲你的寶貝仍與你深深連結。

書中最後一部分，我將教你如何走過哀痛，逐漸放下悲傷。儘管失去毛孩極度痛苦，我想大多數人都同意如果可以選擇，我們絕對會選擇與毛孩共度人生。

回首來時路，我很清楚當初因爲選擇實現自己的天賦，種種奇遇才有機會發生。一個簡單決定把我拋向充滿愛、療癒和喜悅的一生。我**欣然接受**自己的天賦。

別讓任何人阻礙你發揮天賦

天賦是與生俱來的能力。創造之神在我們來到世上之時，賜予我們一份神聖的天賦，安放在靈魂的深處。我認爲人生最主要的目的就是尊重這份天賦，將我們的才能發揮到極致。

這份神聖天賦可以是各式各樣的才能，例如繪畫、寫作、音樂、教導。神賜予我們獨有的特色，讓我們能豐富自己與身邊人們的生命。

有時我們不曉得靈魂表面之下蘊含著天賦，就這樣渾然不覺地過活。我們在無垠的天地之間感到徬徨，四處尋找自我，殊不知只要往內心探究，歸屬感和自我價值就在那裡。

當我們全心接納天賦，共時循環就會啓動。以往感到徬徨，現在則會湧出過去未曾察覺的喜悅和靈性的祝福。我們會向宇宙發射生命力，彷彿一張巨大的愛之網，全新的意識也會在眼前展開。隨著時間經過，宇宙會用十倍的愛回報我們，達成完整的循環。

不論你的天賦是什麼，重點是你必須找出來全力發揮。好好對待你的天賦，就等於讚頌眞正的自我。如果棄之不用，無疑是放棄這輩子最值得去實現、最能創造喜悅的機會。

發掘天賦很簡單。你喜歡什麼？做什麼事會讓你開心？發自內心感到快樂？天賦就是花最少力氣能產出最大成果的那件事。

你是天生大廚、天賦異稟的歌手，還是表現非凡的網球選手？面對科技、平面藝術和科學，哪個讓你越做越開心？

一旦找到天賦，就熱情地展現才華吧。別讓任何人阻礙你發揮長才。這條路走起來不輕鬆，老實說沿途會有許多顛簸。障礙和死路肯定少不了，但你要相信自己，堅毅不拔，新的路一定會出現。

人生的路上不乏對你唱衰或懷疑你的人，隨時在一旁等著打擊你。記住，這些散發負面能量的靈魂往往忽略了自己的天賦，沒能走上靈性的正道。你只要忠於自我，專心往目的地邁開大步就對了。

我十分相信願景板和顯化的力量，只要將目標視覺化，願景就會成眞。

我在案例故事之間穿插一些我過去遇到的困境和犯過的錯誤。我把困境視爲機會，而非阻礙。因爲克服困境後，我的腳步會比以往更加堅定。

等你翻開最後一章時，希望你已經清楚知道自己的天賦是什麼。無論何時開始發揮天賦都不算太遲。我順應了自己的靈性天賦召喚，你也做得到。

Part 1
抗拒與覺醒

第1章 寶貝與你同在

哀痛是無處宣洩的愛。

——佚名

夜色漸深，大貓班迪窩在床角他最愛的位置，睡眼惺忪地看著他的人類媽媽蓋好被子，把枕頭調到舒適的角度。夜裡溫暖的空氣挾帶薰衣草和新鮮青草的味道飄進臥室。這是一天之中他最愛的時光，一切寧靜祥和，月亮高掛在東邊的天上。農場的夏季花木盛放，令人目不暇給。

他最好的朋友丘丘心滿意足地窩在旁邊。丘丘是一隻帶白色和橘色斑點的黑貓，一般稱爲玳瑁貓。她有一雙杏眼，身材嬌小結實。

班迪正準備沉入夢鄉，卻聽到媽媽開始哭泣。他轉頭看到媽媽手上拿著兩隻貓合影的照片，淚水從她臉上滑落。距離班迪過世不過短短三個月，而丘丘早他幾個月先走。

「我好想你們兩個。」她輕聲說：「要是你們在這裡就好了。」失去兩隻愛貓的痛苦太難受了。

每天晚上，媽媽都會拿起那張裱框的照片，跟他們聊聊當天過得如何。她不知道他們早就把一切看在眼裡，因爲班迪和丘丘從沒離開過。聊到最後，她總會忍不住落淚，因爲她好想再見他們一面。

「糟糕，媽媽今晚又哭了。」班迪對丘丘說。

丘丘緩緩睜開金色的雙眼，望向媽媽。

「班迪，她不曉得我們在這裡。」丘丘說：「她以爲我們在很遠的地方，或是永遠消失了。我們來想辦法告訴她我們就在這裡吧。」

兩隻貓起身去安慰媽媽。

「媽媽，我們就在這裡喔。」丘丘邊說邊在媽媽的手邊磨蹭：「我們永遠都會陪著你。」

「我們哪裡也不去。」班迪輕輕地把大頭靠在媽媽淚濕的臉頰上。

接下來幾週，兩隻貓想盡辦法跟媽媽溝通。他們試著磨蹭、用鬍子搔媽媽的臉、把桌上的筆撥到地上，並用靈體型態現身，好讓媽媽能用眼角餘光瞄到他們。

不久，兩隻貓的媽媽開始察覺她的寶貝們正試圖從靈界跟她溝通。一天傍晚，她打開電腦搜尋「離世寵物溝通」。

網頁列出數百筆動物溝通師的搜尋結果。她點開幾個網站瀏覽，最後停在特定一位溝通師的網頁。

她一看到凱倫．安德森的照片，就知道凱倫是她要找的動物溝通師。

預約溝通的那天終於到了。兩隻貓的媽媽在房間裡踱步，每五分鐘就緊張地看一眼時鐘。

兩隻貓的媽媽撥通電話後，一聽到凱倫溫暖的嗓音，她整個人就開始放鬆下來。凱倫建議她先做幾次深呼吸，放輕鬆好好享受這次的溝通。

「我有點緊張。」她說：「這是我第一次做寵物溝通。」

「不必擔心，我完全了解。」凱倫重複道：「溝通開始之前，難免都會有點緊張。」

凱倫首先念了一段禱文和祝福，兩隻貓在旁聽著。

「今天想從誰先開始呢？」凱倫問。

「不知道耶，他們兩個都是我的寶貝。先從丘丘開始好了。」

「哇！丘丘好聰明。」凱倫說：「她給我看她的鬍鬚，還一直用鬍鬚搔我的臉，好癢。丘丘說她都用這招叫你起床。這段訊息你能理解嗎？」

「天啊！我能理解嗎？我完全可以！每天早上丘丘都用鬍鬚把我搔醒。我好想她。她知道我有多愛她嗎？」兩隻貓的媽媽哽咽地問。

「她知道喔。她說你很常跟她聊天，還說她現在還是一樣每天用鬍鬚把你搔醒。」凱倫說。

「我還以爲是自己在亂想，但我眞的能感覺到她的鬍鬚搔過我臉頰。那眞的是她嗎？」她幾乎說不出話來。

「沒錯，眞的是她。她說她要準時叫你起床。」凱倫說。

「太不可思議了。我眞的想不透這種事怎麼有可能發生。」

「我知道很神奇，連我也覺得很神奇。」凱倫說。「我很榮幸能參與這趟溝通之旅。現在丘丘給我看一盤壽司，你知道是什麼意思嗎？」凱倫問道。

「知道！我去收容所領養她的時候，她叫壽司。我覺得這名字不適合她，所以改叫她丘丘。沒人知道這件事，凱倫，你怎麼會知道？」

「丘丘告訴我的。」凱倫說：「她說『丘丘』這個名字好聽多了。她說她一直在你身邊，而且很努力想吸引你注意。她想告訴你，你跟她分享一天下來的生活，她都聽得到。」

隨著訊息持續傳入，兩隻貓的媽媽湧出一股全新的驚奇感。

接下來輪到班迪了。

「班迪好紳士，他說你救了他。要不是你，他很小的時候就會死掉。」

「沒錯，很多年前我遇到他，他是餓壞的浪貓。」兩隻貓的媽媽說。

「不知為何他給我看一支筆。你是作家嗎？我不知道筆代表什麼意思。」凱倫說。

「撥筆遊戲！」她尖叫出聲。「班迪老愛把我的筆撥到桌下。太不可思議了！」

「他一直把筆撥到地上，想讓你知道他就在這裡。」

「對耶！我還以為是我在胡思亂想。我沒想過他們可以靠移動物品來溝通。我想他們想到心好痛。他們走了之後，我覺得好空虛、好孤單。」

「現在你知道了，你那兩隻窩心的貓變成了靈魂，還活得好好的。」凱倫微笑道：「他們傳來好多給你的愛，像海浪一波波沖過我的身心。有這麼棒的毛孩守護著你，你眞的很幸運。」

「我都說不出話來了，凱倫。」兩隻貓的媽媽說：「我不知道要怎麼感謝你帶給我這趟體驗。我原本以爲他們就這樣消失在我的生命裡，結果你完全改變了我的想法。」

「這是我的榮幸。」凱倫說：「但在結束前，我可以問一下，你是怎麼找到我的嗎？」

「我在網路上搜尋，然後受到你的網站吸引。很難解釋，但我一看到你的照片，就知道你是我要找的人。」

溝通結束後，凱倫感謝兩隻貓與自己分享訊息，並跟媽媽解釋，她可以想像自己用充滿愛的意念塡滿兩隻貓的心，這麼做就像爲靈魂供給燃料。

「想想你在加油站拿油槍替汽車油箱加油的感覺。」凱倫解釋：「他們的心就像油箱，而你的愛就是靈界的燃料，可以延續他們在靈界的旅程。」

媽媽點了點頭，她現在明白如何傳愛給兩位離世的寶貝了。凱倫也請她多留意兩隻貓傳遞的微小訊息，並向他們表達謝意，謝謝他們如此貼心。

「正視你的哀傷，那些感受都是療癒的過程。如果很難過，發洩之後也盡量把情緒收在快樂的念頭上。」凱倫說：「想想開心的回憶，爲他們活過這輩子而高興，盡量不要沉浸在那些傷心的時刻，他們這一生的點點滴滴比死亡更加重要。」

媽媽雖然還是很想念兩個寶貝，但她對生命有煥然一新的認識，對死亡的看法也完全顚覆了。

班迪和丘丘看見媽媽久違地重展笑顏，開心地在她身旁衝來衝去，散發如陽光般無比耀眼的光芒。

這位照護人終於明白，毛孩的死亡並不是終點，而是他們化成全新存在、充滿活力的起點。她不再因失去毛孩而悲痛，她知道最愛的毛孩永遠跟她連結在一起。他們從不曾遠去，因爲他們永遠與你同在。

第2章 不凡的人生道路

有些人會跟動物說話，
但沒多少人側耳傾聽。
問題就在這裡。

——A・A・米恩，《小熊維尼》

踏上靈媒之路不是我的本意，但顯然是我的天命。年紀還小的時候，我很想當獸醫，後來我發現當獸醫要動手術，於是很快就放棄這個夢想。但我一直都知道自己的工作會跟動物有關，只是沒想過會是動物靈媒。

我童年時期受到兩大影響，一是華特迪士尼，二是小時候養的狗。我在加州聖迪馬斯長大，距離洛杉磯大約一小時車程。我們家養了一隻黑白蘇格蘭牧羊犬，取名王子。是王子教會我動物溝通。

我會和王子亂聊一通，我一直以為大家都聽得懂他的話。我們家養過很多其他的動物，比如兔子、貓、熱帶魚，他們都是我的聊天對象，我也從來沒多想。

童年影響

小時候我看過電影《怪醫杜立德》，還有迪士尼在一九六〇年代發行、紅遍家家戶戶的多部動畫電影，比如《森林王子》和《小鹿斑比》。電影裡大部分的動物都會說話，所以我家的動物會說話，對我來說再理所當然不過。

我最喜歡的電視劇是《靈馬艾德》《飛寶》《我的朋友本》，以及我的最愛《靈犬萊西》，這些描寫動物與人類溝通的作品深深吸引了我。

兒時養的狗

前面提到小時候家裡養了一隻狗叫王子，我和王子感情非常好，以致於五歲那年發生一件我永遠無法忘懷的事。晚上王子都會睡在我的房間，有天夜裡，他明顯躁動不安，一直在房間裡走來走去。我緊張地下床，叫王子躺在前門冰涼的地板上。

那晚我一直很擔心王子會死掉。我可以感覺到他疼痛難耐，我的胃也跟著痛起來。他是我最要好的朋友，我完全無法想像失去他的生活。我跟他一起躺在地板上，試圖安撫他。後來我應該是睡著了，記憶中下個場景是隔天早上聽到我媽的聲音。我告訴她王子肚子痛，他說他不舒服，結果我的胃也痛起來。

我媽當時不知該作何反應，只說動物不會說話，叫我不要亂編故事。我記得自己又生氣又沮喪，媽媽竟然不相信我。要是我們放著王子不管，他可能會死掉。

等到我媽終於發現王子不舒服，才一把抓起他去看獸醫。幸好王子只是比較嚴重的胰臟炎，後來就康復了。這是第一次沒人相信我可以跟動物聊天，後來這種情況也一再發生。

這件事過後沒多久，我開始不再對任何人提起自己的動物溝通能力。只有我最好的朋友洛莉相信我可以跟動物聊天，她沒辦法跟我一樣聽到動物說話，但至少她相信我。

我心想：爲什麼其他人都聽不見動物說話？是不是我有什麼毛病？我肯定是生病了。

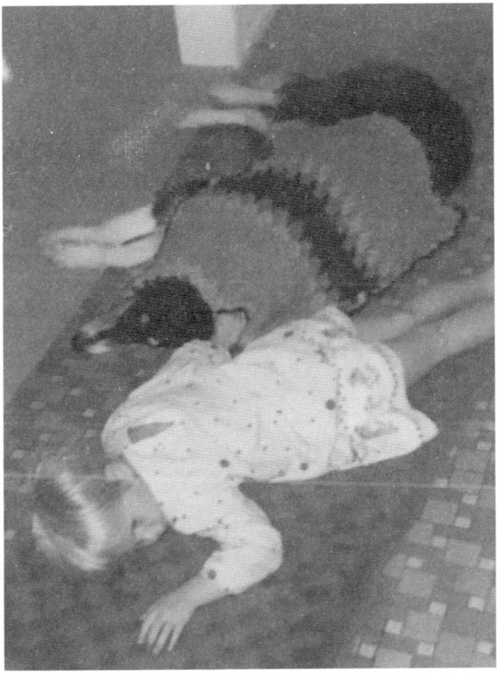

王子向凱倫發出緊急訊息的隔天早上。

動物給了我愛與陪伴

我成天都和家裡的動物待在一起，偷偷和他們聊天，分享無厘頭的故事。我以為我們會一輩子聊下去，但幾年後，我徹底封印能力，以為自己再也不會與動物溝通。

我在第一本書《聆聽萬物的聲音！》（*Hear All Creatures!*）提過一隻橘白相間的虎斑貓。八歲那年，我以為自己害死了他。當時我叫住馬路對面的浪貓，邀他過來跟我一起玩。浪貓聽了跑到馬路上，結果突然一輛車不知道從哪裡衝出來，我眼睜睜看著貓被車撞死。浪貓的死對我衝擊非常大，好幾年我都非常愧疚。那起悲慘的意外發生後，我發誓再也不跟動物溝通。

入錯行

多年後，早在接觸靈媒領域之前，我在加州橘郡換過幾次工作，待過幾間抵押貸款公司，對金融業有幾分認識。做這一行必須對數字非常細心，上班主要在運用左腦。一般認爲左腦負責所有分析，包含數字、邏輯、道理和批判性思考，右腦則著重視覺、創意、抽象和直覺。

想當然，那幾份工作我都做得不太開心，除了沒有成就感，內心也常感到空虛，好像少了點什麼。我對數學不是很在行，也不喜歡天天與數字爲伍。我明明喜歡的是動物，我到底在幹什麼？

訊息始終很明確

最後我待過的每間公司都倒閉了，我不是被資遣就是被解僱。沒錯，那些年我常常口出橫禍，講話不經大腦。我這個人向來直話直說，有一次因此丟了飯碗。

待在金融業的那段日子，我事事不順，到處碰壁。現在回頭看才發現，那是指導靈急切地想告訴我：凱倫，這一行不適合你。

當時我甚至不曉得自己有指導靈，要是有人對我說有看不見的幫手想引起我的注意，我肯定會捧腹大笑。畢竟當時我的靈性感受處於關閉狀態。在那之後，我才認識自己的指導靈，並且在靈媒工作方面與他們密切合作。

無論你是否意識到指導靈的存在，我們每個人都有指導靈。他們是你心裡那個細小的理性聲音，在人生的路上輕推著你前進。指導靈會幫助你找到位置絕佳的停車格，或是從口袋撈出五百元鈔票。某天你被迫改變上班的通勤路線，事後才發現原本那條路線發生了嚴重交通事故，那也是指導靈在幫助你。這幾位看不見的幫手近似天使，會從旁協助，讓你的生活過得輕鬆一點。

那陣子我繼續待在抵押貸款業，薪水十分可觀，我甚至一度企圖爭取升官，過著物質富裕、領大筆獎金、成天跟周遭的人比誰更有錢的日子。一九九〇年代早期，經濟開始衰敗，原本的大好前途逐漸在我眼前崩毀。

靈性覺醒

當時景氣很差，我意識到自己必須換個比較負擔得起的地方居住。審愼考慮後，我決定離開加州，搬到科羅拉多州。我打包好行李前往丹佛，下一份抵押貸款的工作已經在那裡等著我。

在這期間，我開始注意到一些神奇的預知事件發生在我身上，不過當下我根本毫無頭緒。某天我出門買了一大袋黑色的廚房用品回家，比如黑色腳踏墊、黑色毛巾和黑色隔熱墊。怪就怪在我家廚房是藍白配色，沒有一樣物品是黑色。我完全不知道自己爲什麼要買這些用品，最後只好收進衣櫃，然後忘得一乾二淨。

一年內，我又從丹佛都會區搬到貝利一間山上的房子。那次搬家是意料之外，不在原本的規畫裡。我還記得自己在新家拆箱整理時，挖出去年買的那袋黑色廚房用品有多驚訝，因爲新家全部的家電都是黑色，剛好可以搭配那些腳踏墊、毛巾和隔熱墊。我心想：眞是怪了。

接下來幾年，類似的神奇小事層出不窮，但我還不知道那只是靈性覺醒的開端。我彷彿閉著眼睛被人拉著走上直覺之路，渾然不覺自己的直覺即將大動作開機。

注意自己的直覺

最後，我找了朋友羅伊當合夥人，合開一間小型的抵押貸款公司。新公司起步很順利，但我面對事業始終心神不寧，總覺得事情很不對勁，但又說不出個所以然來。我投注大量時間精力，努力想把公司經營好，但那股憂慮持續縈繞心頭，從未消散。有一天，我坐在電腦前研究羅伊經手的銀行帳戶。

研究沒兩下，就發現好幾筆帳目對不起來。我一臉不可置信地盯著螢幕。有沒有搞錯？一定是搞錯了。我心想，羅伊不可能做這種事。我一一檢查每張註銷的支票，發現合夥人盜用了公司和屬於我的資金。他怎麼可以這樣對我？

我一頁一頁翻閱資料，他偷竊的事實就這樣攤開在我眼前，每發現一筆被盜走的款項，我的胃就更痛一點。怎麼會有人做得出這種事？遭到背叛的滋味苦不堪言。我們非常要好，一起工作努力打拚，而且私交甚篤，結果他就在我眼前肆無忌憚地偷錢。試問誰會這樣對待朋友？我打從心底感到厭惡又慌亂，這次的震撼經驗無疑是在告訴我，該離開這個產業了。

慘痛教訓

有人說如果一生過得太順遂，來人間走這一遭就什麼都學不到了。好吧，只能說這次經驗眞是顆震撼彈。我很確定指導靈想叫我脫離那個環境，長期被我忽略的不安就是指導靈在對我喊話，只不過一切都太遲了。等到我算清羅伊總共盜用多少錢，我的財務已經陷入困境，不得不把公司收掉。爲了對羅伊提起竊盜罪訴訟，我必須把如山高的文書作業處理好送去警局。最後我整理出一大本三孔資料夾的證據，交到負責的警探手上。

他看到我交出的那疊資料，不禁嘆道：「哇，通常民眾只會把資料裝進鞋盒送過來，以爲我們會自動拼湊出來龍去脈。我好像應該聘用你才對，我們需要你這種人才。你考慮看看。」

我聽了一笑置之，不做多想，沒發現自己即將踏入執法界。訴訟經過開庭審判，裁定羅伊必須償還盜用的款項，否則就得坐牢。訴訟結束後，警探再次問我是否有興趣成爲執法人員，我回說會考慮看看，就頭也不回地走了。

抵押貸款的生意收掉後，收入來源沒了，我只好急中生智。你一定猜不到我下一份工作是什麼：我又回頭運用最擅長的能力，與動物爲伍。我在當地報紙刊登自薦廣告，尋找需要「農場畜欄小幫手」的雇主，以鏟屎維生。我整天都盯著馬屁股工作，簡直快修練成「馬屁精」了。

一開始生意慘澹，當時剛進入冬季，畜欄地面堆滿了雪，多數人無意進行清潔。我手上只有幾位客戶，而且這份差事對腰部是一大負擔。我另外也獲得幾份寵物保母和遛狗的打工。幸好畜欄清潔的生意逐漸有起色，我出色的鏟屎技能贏得口碑，客戶開始口耳相傳。多虧糞便，我的生活好轉許多。

第3章 農場小幫手

我見過許多令我熱淚滿盈的美麗事物，
但馬兒自在奔馳的優雅與美麗，完全無可比擬。

——佚名

你大概很納悶，糞便跟死後世界有什麼關係？還請稍安勿躁，好戲就在後頭。清潔畜欄的時候，我有大把的時間深思反省，於是我開始有一種強烈的渴望，想要回饋社會。我之前從來沒當過志工，這種想法有點反常。但因爲現在成天和動物相處，我感到很滿足，也很想爲動物做點什麼事，尤其是那些需要幫助的動物。

當志工的念頭肯定是指導靈給我的靈感，他們可能很努力想引領我踏入人生的下個階段。雖然當時的我仍不知情，但在他們不屈不撓的引導之下，我找上了科羅拉多州貝利的動物管制處。

某個炎炎夏日，我走進擁擠的辦公室詢問當志工的事，話還沒問完，我的手裡已經多了一支鏟子和一只水桶。一位叫傑夫的志工帶我到這棟老舊設施的後面，交代我把狗舍清理乾淨。

熟悉工作流程之後，我跟動物管制官艾文一組，負責處理動物相關的通報案件，我們一起救援了許多未受妥善照顧的受虐動物，加深了我在動物身上獲得的歸屬感和親密感。

踏入執法界

有一天，我在動物管制處埋頭清理狗舍，警佐來找我。當時我已經跟幾位警員配合了幾個月，自認對工作還算熟悉。

「不少同仁大力稱讚你的表現。」他說：「警員都說你通報案件處理得很好。」

我原本以爲警署高層不會注意志工在做什麼，沒想到警佐竟然稱讚我。

「謝謝你。」我低頭一看，發現自己從頭到腳沾滿了狗毛。我趕緊拍個幾下，但狗毛仍牢牢黏在身上。接著他又說了一句讓我十分驚訝的話。

「你應該考慮當正職警員，警署需要你這樣的好人。」

我？警察？什麼？不可能。他瘋了。我這輩子從來沒想過要當警察，一絲一毫的念頭都沒有！

接下來幾個星期，警佐的話一直在我腦子裡打轉。我心想，我竟然還眞的在考慮，眞是瘋了。我人生截至那一刻甚至沒開過槍。不過話說回來，我確實喜歡處理通報案件，解決棘手的狀況。基本上我做的事跟身邊那些警員沒兩樣，只差在我沒領薪水，說不定當警員這條路眞的行得通。

第4章
新手警察

狗確實會說話，但他們只對聽得懂的人訴說。

——奧罕・帕慕克

二〇〇〇年夏天，我從紅石警察學院畢業，拿到「逮捕控制」課程的書卷獎。當年我三十六歲，已經不是什麼青澀新鮮人，有時也會感到身心俱疲，但我一開始就做好準備面對挑戰。就讀過程並不容易，但畢業日那天，我真的很高興能領到畢業證書。

凱倫和媽媽烏蘇拉於畢業日的合照

同年九月，我收到科羅拉多州帕克縣警署的聘書，成爲警署唯一的女警員。我不得不結束畜欄清潔的生意，擔起人民保母的職責。當時的我究竟在想什麼呢？

整合細節

縣警署規模不大，無法全天候部署完整的警員人力，所以我經常獨自值勤，處理通報案件，也因此練就一身看人的功夫，畢竟事關我的人身安全。我必須在幾分鐘內趕到犯案現場，拼湊出事發經過，判斷誰在說謊、誰說的是實話，或者誰想傷害我。

我會特別觀察細微之處，比如嫌犯的游移眼神和肢體動作。我感覺到直覺開始發揮作用，以保護自我安全。我的新手警察生涯逐漸步上軌道。

感覺狀況不對勁時，我學會相信直覺，就像之前察覺前合夥人不懷好意一樣。每次辦案，我都會專注在自己的感受上。

原來當時的我在洛磯山脈上一步步體驗到靈性覺醒，重拾遺忘已久的感官和心靈能力，褪去一層層因長年接觸物質世界而堆疊起的外殼，轉身踏進能量場和感官知覺的世界。我不知不覺喚醒了直覺，進入心靈的領域。

家貓揪出藏匿的嫌犯

就在那陣子，我第一次接收到我家貓咪傳送的訊息。畢薩說他的泌尿道嚴重阻塞，後來去檢查也確實如此。以下摘錄自我的書《聆聽萬物的聲音！》：

某個週六早上我走進廚房，看到畢薩躺在地板上，我走到流理台大聲說：

「嗨，畢薩寶貝，你好嗎？」

突然間，我聽到「我塞住了」。

那句話是用我的聲音說的，我聽得一清二楚，就好像是我自己說出這四個字，但我沒有。我才剛起床，只想著要泡杯咖啡。

我低頭看畢薩，問他：「剛剛是你在說話嗎？」

「對，我塞住了！」我再次清楚聽到急迫的話語。

我帶畢薩去看獸醫，他的膀胱全滿，泌尿道阻塞，幸好後來醫生順利治好。經過這次事件，我想到我可以詢問犯案現場的動物，他們一定可以告訴我很多資訊。

我永遠忘不了辦案時第一次接收到動物的訊息，那是家暴通報案件現場的一隻貓。

當時我正在替女性受害者做筆錄，另外兩位同事負責搜索附近，尋找徒步逃逸的嫌犯。

做完筆錄後，那家人養的貓從鐵皮屋倉庫後面走出來，直直盯著我，然後轉頭看著鐵皮屋說：「裡面。」

不可能吧。嫌犯在裡面？同事忘記搜鐵皮屋了嗎？這隻貓是在告訴我嫌犯的藏身地點嗎？

我小心翼翼走向鐵皮屋，命令嫌犯雙手舉高走出來。果然，門慢慢打開，嫌犯舉著雙手現身。那一帶已經搜索完畢，結果嫌犯就藏在鐵皮屋。多虧那隻貓，才沒讓嫌犯脫逃。

鹿群指認出嫌犯位置

某天晚上，我們接到民眾通報，一名持械嫌犯棄車逃逸，我和兩名警官立刻跳進警車出動。警佐要我淨空嫌犯車輛周圍的區域，他和另一名警官沿路開車追捕嫌犯。

我一個人在漆黑的夜裡，站在一棵大松樹後面的安全地點掃視周圍，一邊聽著同仁在對講機上的通訊。這時候，一小群鹿打算穿過草地，他們憑著敏銳的感官察覺我的存在。

鹿群低下頭吃草，不忘對我保持警戒。他們知道我不具危險，又往前走到離我僅幾公尺的地方。這時兩位警官回報他們往前開了八百公尺，但沒找到嫌犯。鹿群靠近的時候，我發現他們一直盯著我右邊的樹林。儘管同仁是在我的左邊進行搜索，鹿群仍全神貫注盯緊右邊。

突然間，我腦中冒出一個想法：他躲在哪？

那只是我的一個念頭，但我當下是直直看著鹿群。下一秒我就聽到「木頭，在木頭後面」，然後心中閃過一個畫面，畫面是一株倒下的樹。那感覺就像我自己想到這件事，但實際上並非如此，我完全沒在想樹，我想的是：要是找到那傢伙，我要怎麼辦？

我拔出配槍，退回暗處悄悄移動。前方草叢有幾棵倒下的樹，我步步靠近，心臟在胸口激烈跳動。嫌犯的能量從樹林裡散發出來。

「我是縣警！雙手舉高！」我發出命令。

這幾個字莫名其妙從我嘴裡蹦出來，帶著不容違抗的魄力，連我自己都很驚訝。

「雙手給我舉高！」我大聲喝道。

不可思議的事情發生了。兩隻手從草叢伸了出來，就像從烤吐司機跳出來的吐司。

對方求饒：「不要開槍！不要開槍！」

我馬上用對講機回報狀況，而鹿群早已消失在黑暗中。我隨即替嫌犯上銬，押進巡邏車後座。

兩位警官趕回現場，與我擊掌慶祝，大力稱讚我的表現。

「太厲害了，安德森！」警佐說：「幹得好。你怎麼知道他藏在哪裡？」

嗯，我一輩子都不會說的。

第5章 在犯案現場協助破案的動物

顯然，動物了解的比我們想的更多，

而且想的比我們了解的多更多。

——艾琳．M．派波柏格醫生暨博士

我當上執法人員沒多久，就發現動物是非常有用的目擊證人，他們不會說謊、不帶偏見，還可以直接傳畫面給我看。偵辦案件時，好幾次都是動物提供資訊，只是我從沒透露我的祕密線人長著四隻腿和一條尾巴。

有一次接獲民眾報案，說家裡的小朋友跑進國家森林後失蹤，我從他們家的狗口中得知該去哪裡找。幾個小時後，搜救小隊眞的在該地點找到毫髮無傷的男孩。

還有一次警署接到家暴通報案件，一隻貓告訴我女子是施暴者，不是男子。起初女子看似是受害者，因爲她手臂有割傷和紅印，後來證實是她弄傷自己，捏造受害的假象。

持槍的男子

那天我接到一通報案電話後趕去現場，一名男子身上沾著血，對著空氣揮舞槍枝，聲稱他被鄰居的狗攻擊了。

我問他發生什麼事，他給了一個很詳盡但完全講不通的說法。他養的幾隻狗待在屋內，於是我悄悄詢問他們。他的狗說他才是施暴者，是他去攻擊其他的狗。

原來他受不了鄰居的幾隻狗闖進他家院子，一時氣不過，就拿著鏟子追上去對狗一陣暴打。扭打過程中，那些狗把他撞倒在地，對他發動攻擊。

謝天謝地，我找到一位證人證實事發經過，不然我就得在報告裡寫下：詢問犬隻，確認該男子有罪。

老獵犬的證詞

一天，無線電傳來通報，一名年長男性被發現死亡多時。死亡多時的案件不一定是自殺或自然死亡，也可能是凶殺，所以必須非常小心地維持現場原樣。

醫護人員對男子施救，但爲時已晚，他早就斷氣了。屋內一片狼藉，家具翻倒，物品四散在地。根據現場狀況，肯定有人對這名老人施暴。

我在四周拉起封鎖線，發現有隻老獵犬靜靜地待在後面門廊。他好像沒注意到周遭的騷動，只是盯著紗門看。我感覺到他很餓，於是拿出巡邏車上的狗糧，他狼吞虎嚥吃掉了。

等待動物管制官到場時，我問了那隻狗發生什麼事。他說老人自己在家，突然開始痛苦喊叫，還聽到猛烈的撞擊聲，最後又安靜下來。然後老人再也沒離開過屋子。我心想屋內亂成這樣，獵犬肯定搞錯了。

死因是嚴重癲癇

法醫後來判定老人沒吃處方藥，死於嚴重癲癇發作。由於癲癇症狀引發較激烈的身體反應，家具才會翻倒在地，看起來像經過一番扭打。

老獵犬沒說錯。這起案件過後，我意識到動物能正確並詳細地提供他們親眼所見的狀況。

那些有動物協助偵辦的案件，是我日後成為靈媒和通靈人的重要墊腳石。

第6章 下定決心轉職靈媒

當你全心全意愛過一隻動物，
你靈魂的其中一部分才會覺醒。

——阿納托爾．法朗士

幾年後，我決定辭掉警員的工作，搬到華盛頓斯波坎市。這個決定很艱難，我熱愛當警察，但是犯罪年齡逐漸下降，而我年歲漸長。我不打算在斯波坎繼續從事執法職業，所以決定走回老路。這次不是清理糞便，而是抵押貸款。

分崩離析的生活

這段日子很不尋常，令人心神不寧。無論我多麼努力，未來總是一片渺茫。我好像被困在無法擺脫的虛空，每天行屍走肉般做著不喜歡的工作。就連曾經帶給我許多快樂的動物溝通，也開始讓我覺得心累。

當時我兼職接案做動物溝通，才發現好多人對我從事靈媒工作很反感。不少朋友罵我是邪魔歪道、怪力亂神，那些傷人的話語令我很難過。

我好像做什麼都不對。工作不開心，人際關係開始疏離，甚至有幾位友人認爲我是女巫。好極了，我的生活正式崩毀。

就在人生盪到谷底時，有人邀請我在美國國慶日參加一場在斯波坎舉辦的烤肉會。

直到赴約之前，我的人生都還是失去方向，生活毫無目標。這時候又要提到我的第一本書《聆聽萬物的聲音！》。我在那場烤肉會遇到一隻小白鴿，他的訊息讓我明白，我必須在動物溝通師這條路上繼續堅持下去。那一刻是我的人生轉捩點，從此一切都變了。

以下是摘錄內容：

我和主辦烤肉的人一起坐在露台上乘涼，對方問我要不要去看鄰居撿到的野鳥。原來這隻鳥被鄰居的貓捉住，差點被咬死，幸好鄰居及時發現，趕緊替小鳥療傷。鄰居泰芮知道我很愛動物，也能跟動物溝通，所以邀請我去看小鳥。

我們幾個人快步走到隔壁，沒過多久泰芮走出來，食指上站著一隻美麗的白鴿。

我一邊聽泰芮解釋她如何從貓爪下救出鴿子，一邊對安靜沉著的小鴿子伸出手。沒想到，他毫不猶豫就輕鬆踩上我的手指，安穩地坐著。幾個孩子在旁邊跑來跑去，吵著要摸他，他卻絲毫不受驚擾。

「問他喜不喜歡他的飼料！」一個男孩大叫。

「還有他喜不喜歡他的籠子！」另一個興奮的男孩補上一句。

泰芮一家人圍在我身邊，都想聽聽小鴿子會說些什麼。我默默唸完祝福和禱文，徵詢鴿子是否同意進行溝通。

想不到鴿子抬起頭看我，從心裡回答：「我一直在等你。」

「他說什麼？他說什麼？」孩子們齊聲問道。

「沒錯。」他用闡述事實的語氣冷靜說道：「與動物交談的人啊，我一直在等你。告訴他們飼料沒問題，但請不要讓貓靠近籠子。我想要待在高處。」

我轉達了鴿子對飼料的答覆，泰芮也解釋鴿子目前安置在地上的狗籠，貓可以伸手進去。我不確定他說「我一直在等你」是什麼意思，所以沒對在場的人說出口。

「他不想要旁邊有貓，也許你可以把籠子掛高一點。」我向泰芮建議，然後把注意力放回鴿子身上。

「他從哪裡來的？」一個男孩。「從上面來的。」鴿子平靜地回答。

「他有家人嗎？他想回家嗎？」

各種問題如連珠砲般向我襲來。

「我來自天國，我是來見你的。我一直在等待這一刻。」他沉著地坐在我的食指指尖，對我如此說。

那瞬間，我內心一陣激動。泰芮一家人的問話聲逐漸飄渺，只剩下鴿子對我說話的聲音。

他直勾勾地看著我表示：「我是來告訴你，你必須順從內心的聲音，發揮你的天賦，孩子。我會陪著你，這是你的使命。你心底很清楚，這是你該做的事。」

「他說什麼？他叫什麼名字？」孩子們仍在一旁探問，我的視線卻牢牢釘在鴿子身上。

「你陷入困境，遭受否定。」他直言。

我一聽就想起那些傷人的批評，淚水忍不住湧上來。那不是痛苦的淚水，而是領會的淚水。

「你最近一直在逃避，是不是？」鴿子問。

「是的。」我在心裡回答。那陣子生活中的大小事猶如跑馬燈一樣，在我腦海中一一閃過。我從一個奇怪的視角看到自己，就好像過去在我眼前重播。我感覺到自己的恐懼和疑慮浮出水面。朋友對我的溝通技能說了難聽的話，我感到內心刺痛。

「我的孩子，你有沒有被神觸摸過？」小白鴿問道。我可以感覺一股暖流從他的腳傳到我的手和手臂，有一種寧靜撫慰的效果。

「應該沒有，不然我肯定記得。」我緊張到結巴，不是很確定要怎麼回答。

「那麼，現在神觸摸你了。」他說：「你是神的孩子。你內心很清楚，你必須繼續在這條路上努力。不必害怕，我的孩子，這是你此生的使命。」

我整個人深受震撼，楞了半晌說不出話來。孩子們焦急地等待鴿子的答案，但我開不了口。我不曉得如何告訴他們，鴿子是在對我一個人說話。

「你問他，他想叫什麼名字！」我沉默了太久，其中一個孩子不耐煩地開口。

「告訴他們，我想要一個高尚的名字。」鴿子說。

「他想要一個高尚的名字。」我困難地擠出回答，盡力恢復鎮定。後來我得知那家人給鴿子取名叫諾亞，諾亞至今仍跟他們住在一起，住在高高掛起、遠離貓咪的籠子裡。

就在我最需要的時候，宇宙將諾亞帶到我面前，而我的人生就此改變。

注意力在哪裡，能量就會流向那裡

現在回頭看過往種種的不順遂，一切突然都清晰了。如果事情不太順利，如果阻礙老是接踵而至，很有可能是宇宙想告訴你，你走錯路了。那陣子，我和自己的天賦、需求以及自我非常疏離。

有句話說：「注意力在哪裡，能量就會流向那裡。」以前我的能量都流到不該去的地方，我被生活的壓力壓垮，迷失人生方向。我忘記自己是誰，在做什麼。更重要的是，我停止與動物溝通。我總是先照顧別人的需求，忽視自己的需求。是時候採取行動，做出改變了。

重新認識自我

收到鴿子諾亞的訊息後，我開始調整自己的能量。我把注意力全部放回自己身上，開始重視我身爲動物溝通師的天賦。從現在開始，我自己就是第一要務。我是最重要的，別人是其次。我彷彿重新認識了自己，這是我長久以來第一次感覺又活了過來。

我鼓起極大的勇氣辭掉高薪工作，那是我做過最正確、最快樂的決定。在那之後，一切便水到渠成。

我開始開班授課，參加靈媒節目和博覽會，越來越多新客戶上門。一切都跟著動了起來，宇宙對著我微笑。多虧那隻小白鴿，我的生活再度回到正軌。

第7章 我是靈媒和通靈人

動物能理解我不知道的事情，
但我又很確定他們理解，多麼神奇啊。

——法蘭西絲．霍森．柏納特

我是靈媒，也是通靈人。靈媒對人事物有超越五感的感知能力，通靈人則是可以跟離世的靈魂溝通。不是所有靈媒都是通靈人，反之亦然。我只是剛好兩者兼具。

從事靈媒工作時，我必須仰賴所有感知能力為客戶獲取訊息。五種最常見的感官知覺是視覺、聽覺、味覺、嗅覺和觸覺。

從事通靈人工作時，我能接收到來自離世動物和離世人類的訊息。我們的溝通方式很直接，就像打電話一樣。

人類也具有超感官，又稱爲第六感，可以擷取更多細微的心靈資訊。超感官包含五種「靈透力」（Clair）。

五大靈透力

五大靈透力分別爲靈視力、靈聽力、靈認知力、靈覺受力、靈嗅力。大多靈媒都是憑藉這幾種超感官知覺進行通靈。靈透力之間沒有高低之分，這些能力也可能隨時間轉變或擴展。觀察自己接收資訊的方法，就知道你最強的靈透力是哪一種。

靈視力：清楚的內在視覺

靈視力是指在心中看見閃現的畫面，好像在做白日夢，但那些畫面不是你憑空想出來的。

靈聽力：清楚的內在聽覺

靈聽力是指在心中聽到話語、聲音或想法，那是你平常講話的聲音，但你知道那些不是自己的想法。有時候心靈聲音和靈體溝通的聲音，也可能是用別人的聲音發聲。

靈認知力：清楚的內在感知

靈認知力是指感知到人或事件的資訊。預感，或是有事即將發生的不安感，就是一種靈認知力。

靈覺受力：清楚的內在感應

靈覺受力是指感覺到另一個人的情緒或生理疼痛。共感人或天生對情緒敏感的人，很有可能就是運用了靈覺受力。

靈嗅力：清楚的內在嗅覺

如果你曾經聞到逝去親友的香水味、雪茄味、菸味，那就是靈嗅力。如果身邊實際上沒有這些味道的來源，表示是心靈能力接收到靈體的存在。

靈嘗力：清楚的內在味覺

與動物溝通時，我盡量避免使用靈嘗力，畢竟我不需要知道狗狗在翻找垃圾時，嘴裡會嘗到哪些味道。曾經有隻貓跟我分享老鼠的味道，從此我再也不敢重蹈覆轍。

點點

每個人都能使用超感官。只要練習得夠多，其中一種或全部的超感官就會變得很敏銳。重點是勤加練習，注意自己接收資訊的方式。

點點

我和貓咪點點做離世溝通時，用上了幾乎所有種類的靈透力，靠視覺、聽覺和感受接收這隻可愛貓咪的訊息。點點要我說出「棉花糖」這三個字，然後傳給我一個箱子或快遞送貨的畫面。最後，她傳來非常興奮開心的心情。

我問點點的照護人艾瑪，棉花糖和快遞是什麼意思，艾瑪聽了大笑出聲。她說她才剛爲復活節訂了一種特製口味的棉花糖。

我們倆都沒想到點點會傳來這麼詳細的訊息，想必艾瑪下訂的時候，點點正好在場。果然，隔天艾瑪就收到一箱棉花糖了。

第8章 動物溝通的基礎——心靈感應

說不定人類可以跟動物心靈感應。

——蒂比・海德倫

與在世和離世動物溝通，主要是靠心靈感應，又稱傳心。心靈感應是一種用心靈直接交流想法的方式，不需要開口說話或做出肢體語言，訊息會透過超感官發送和接收。其中原理牽涉到量子物理和物質與能量的作用力，但我不打算深入細談。就這樣想吧：不知道汽車引擎的原理也能開車，不曉得手機的原理也能打電話。

動物溝通也一樣，不必從科學角度剖析，只要相信就能辦到。各位可以搜尋心靈感應和量子物理，深入了解這些非常有意思的主題。但目前請容我先跳過。

創造充滿愛的空間，迎接靈魂

靜心可以創造出適合溝通的完美場域，打開一個充滿愛、平靜、感謝的空間，邀請並歡迎所有相關的個體。動物的能量必須在我附近，我才能看見、聽見或感覺到他們。

動物能量接通的時候，周圍會有一團白光，那是我們的神聖造物主所發出的明亮保護罩。這股發光的強大能量會在溝通期間保護所有能量的安全，並將個別能量分隔開來。

我感覺得到動物的能量排成一列，就像飛機接近機場，要按照固定的降落航線進行降落。我常覺得自己是飛航管制員，每次接通新的靈體，就得將現有的動物訊息分開來放好。動物如果不願意，也可以拒絕接通，但大多時候他們都很想溝通。

他們可以選擇用部分形象或完整形象顯化，有時候他們看起來就跟在人間的形象沒兩樣。也有其他時候，我完全看不見形體，只能感應到存在。很多時候，我會感覺到狗用鼻子頂我的手臂、貓在我的腳邊磨蹭，或是馬兒跺地。因爲我是用照片連線，動物可能覺得沒必要再顯化完整的形象。每隻毛孩都是獨一無二的個體，有些動物可能寧願保存能量，用在傳訊或其他事情上。

只有少數幾個案例，我必須又哄又騙，動物才願意分享訊息，原因通常是動物很害怕、走丟，或是嚴重受傷。不然一般而言，動物都很願意分享充滿愛的訊息。

第9章 動物溝通的原理

能量無法創造，也不能毀滅，只是在不同形式之間轉換。

——阿爾伯特·愛因斯坦

有幾種方法可以與離世的毛孩連線。有些人是在薩滿旅程連上線，這是一種藉由擊鼓或沙鈴的節奏轉換意識的古老形式。也有人透過指導靈或靜心連上線，端看個人喜好或所受的訓練，這幾種方法並沒有優劣之分。每個人接收心靈資訊的方法不同，就看哪一種方法接收到的資訊最清晰。

前面提過，我是用照片跟離世動物連線。我可以利用照片跟毛孩的能量連上線，就好像拿到一組電話號碼，可以跟對方通話。有時即使沒有照片，動物也會在溝通過程中出現。甚至有些時候，只要提供一些描述就夠了。

靈媒可以讀取能量，而能量無處不在，世界就是靠能量運轉。動物的靈魂，或說能量，承載了他們在塵世生活的所有生命經驗，以及過去所有前世的記憶。

動物的靈魂會在死亡之際離開肉體，我稱之爲「穿越生死」，從人間穿越到靈界。靈魂離開肉體後，會轉化成能量體，成爲新的存在。

對我來說，跟離世動物連線其實比在世動物容易，因爲沒有肉體妨礙傳訊。離世動物是純粹的能量，少了物質干擾，我們瞬間就能連上線。

動物會傳送畫面訊息

動物常會用畫面表達想法或訊息，而且畫面五花八門，比如心愛的玩具、某個人、某個特別的地方。只要他們看過，就能傳送畫面。

舉個例子，現在請你想著你最愛吃的食物，在腦海中描繪出食物的模樣。那是蛋糕或冰淇淋嗎？還是一盤義大利麵？雖然你眼睛正在讀這行字，但你的腦海有個食物的畫面。仔細觀察，當你把注意力帶回到書上，腦中的畫面會逐漸消失。

接收動物傳來的畫面就是這種感覺。畫面會瞬間進來，但也消失得很快。我必須專注在畫面上，把看到的形容出來，將訊息轉達給客戶。

貓咪布麗與捲尺

離世貓咪布麗傳了一個捲尺的畫面給我，當時溝通還沒開始，我在等布麗的媽媽瑞秋打來。我搞不懂畫面的意思，所以問瑞秋捲尺對她有什麼特別意義嗎？

原來，就在瑞秋打給我之前，她正在測量床墊尺寸，以免買錯床包。她拿著捲尺測量的時候，瞥到床上放著布麗最愛的枕頭，一時湧起對美麗愛貓的思念之情。布麗收到媽媽的思念，所以傳了捲尺的畫面給我。布麗想跟媽媽說，她就躺在心愛的枕頭上看著媽媽量床墊，眞是太感人了。

除了畫面，動物也能傳來想法，或是一小段連續畫面，就好像我在腦海裡看影片或看著現場狀況。

想像你走進大賣場，架上擺滿電視螢幕，閃爍著又大又亮的畫面。有些畫面很容易理解，有些畫面我其實看不懂。我常收到從動物視角看出去的畫面，而大部分動物都比較矮，所以我看到的畫面會比較接近地面。不過只要我向客戶描述動物傳來的畫面，客戶通常都能明白其中的意義。

動物如何傳文字給人類？

學習動物語言跟學一種新的人類語言沒兩樣。去到語言不通的國家，你就得從單字學起。翻譯過程很緩慢又無趣，因爲每個字都要查字典。但是使用新語言的時間越長，就能講得越流利。

只要勤加練習，翻譯會越做越上手，新的字詞也會開始進入腦海。你會把學到的新字和符號存進記憶，需要翻譯的時候就從記憶抓取單字，翻譯字詞和句子的速度就會加快。學習理解動物也是一樣的過程。

動物傳訊時，訊息會挾帶一股能量特性，或說是印象。這個印象跟想法一樣，都是靠心靈感應傳遞，就好像信件內的訊息。

不受時空限制

能量訊息不受時空限制，即使相隔千里也能瞬間收到。一收到訊息，我就會根據記憶裡的字詞和符號，把這個印象翻譯出來。我可以用內在的靈聽力聽見聲音，所以訊息會翻譯成我能理解的聲音、單詞或句子。翻譯也是花時間練習就能做到。

動物怎麼會講我們的語言？

學新的人類語言當然沒問題，但是動物又不講人話，要怎麼傳話給我們？簡單來說，傳訊會有翻譯轉換的過程。與我建立關係的指導靈，會用我能理解的方式呈現這段訊息。

指導靈是無形的存在，能夠守護我們，指引我們度過這一生。每個人都有指導靈，不論你是否知道他們的存在。有些指導靈在我們出生前就已經指定好，會一路陪著我們出生入死。有些指導靈只會陪伴一段時間，在特定情況下現身。我自己有三位指導靈，每位的任務或專長都不一樣，會用不同方式幫助我與動物連線。

住在日本的貓，彌生

多年前，住在日本的京子聯絡我，她的貓彌生走丟了，想請我幫忙尋找。我收

穆隆古

到彌生的訊息時，發現竟然是英文，覺得很不可思議。我的日文不太流利，連線前還擔心沒辦法理解彌生的訊息。但我的指導靈在翻譯過程中，用我能理解的符號和觀點轉達給我，我才能聽懂每個字，並在幾個街區外順利找到彌生。

大丹犬穆隆古

動物不曉得該如何解釋的時候，就會傳畫面代替說明，跟穆隆古的溝通就是很好的例子。穆隆古是十四歲的混種大丹犬，穿越生死後不久，他的能量就跟著照護人黛安娜的父母一起連上線。當時黛安娜的父母也已經過世了。

穆隆古穿越生死時，黛安娜的父母就在靈界迎接他，黛安娜聽了高興不已。溝通到一半，穆隆古請我提起他的毛巾或毯子，說毯子在很特別的地方。他說不出那是什麼地方，所以他給我看一個車子的畫面。黛安娜說她用毯子做了一張汽車座墊套，就好像穆隆古永遠都陪在她身邊，連開車也不例外。穆隆古也請我提起長椅，原來黛安娜當下就坐在日光室的長椅跟我通話。

動物會傳送情緒

情緒是動物表達訊息最常見的方法之一。無論在世或離世，動物都能傳送蘊含不同感受的能量訊息。我用一個簡單例子說明情緒的力量有多強大：如果走進一個稍早有人在爭執的房間，裡頭的空氣會凝重到令人呼吸困難。即使爭執已經結束，情緒的能量仍久久不散。

情緒爆發

有一次我在北卡羅萊納州帶領動物溝通的工作坊，一位名叫芭芭拉的學員正在與離世的貓維托練習溝通。芭芭拉突然開始哭泣，眼淚完全止不住。她情緒很激動，說她感覺被拋棄，但說不出原因。情緒像海浪般一波波大力衝擊著她的身心。維托的照護人里昂於是解釋了來龍去脈。

他和太太都從軍，某一年被派駐到海外，沒辦法帶著維托一起走。夫妻倆把維托當成兒子一樣愛護，他們爲此悲痛欲絕。最後他們不得不把維托交給朋友照顧，兩人彷彿失去孩子般痛苦。

一個月後，維托衝出新家，就此消失，下落不明。里昂夫妻無從得知維托究竟發生了什麼事，一直耿耿於懷，陷在悲傷的情緒裡，就像失去維托是昨天的事。

聽完里昂的解釋，我打開一個空間，讓維托的能量進來。我向維托解釋前因後果，讓他了解爲何里昂夫婦多年前不得不離開他。此時，里昂終於能向愛貓表達他的心情和無窮的愛。

不到幾分鐘，療癒就開始發揮效果了，周遭的空氣漸漸地不再沉重，恢復平靜。原本充滿情緒的氛圍變得柔和，里昂和維托都放下痛苦的回憶，內心一片祥和。

芭芭拉接收到維托的情緒，但她無法判斷原因。此時只要打開溝通管道，讓人類和動物釐清並理解狀況，痛苦就會自然消散。動物溝通的神奇療癒效果，每每讓我驚豔不已。

第10章 聽見和看見動物靈魂

動物的眼睛具有偉大的語言能力。

——馬丁・布伯

一開始，我大部分是靠自學走上動物溝通這條路。我研究動物行爲學，讀了所有教人開發超感官能力的書。就在那時候，我發現了美國知名靈媒約翰・愛德華。他的電視節目《跨越生死》（Crossing Over）每一集我都有錄影，反覆看好幾遍。

我從約翰的靈媒技巧和傳達訊息的方式學到很多。約翰主要使用超聽覺力，可以聽見靈魂說話，所以我的溝通方式也以聽覺爲主。我把聽見動物說話當成主要目標，經過不斷練習，練就了強大的靈聽力。

多年前，我在華盛頓斯波坎一場靈媒博覽會進行通靈會，一位名叫凱西的觀眾秀出她的狗狗的照片。我一看到貝拉的照片，就聽到貝拉說：「緊張，緊張，好緊張！」我與凱西分享這則訊息，她說訊息很準確，因為貝拉的焦慮很嚴重。

不久後，我開始聽到所有動物對我說話，所以動筆寫下《聆聽萬物的聲音！》這本書，因為我真的聽得見。

我的好友羅恩有一隻傑克羅素，名叫吉莉，吉莉十六歲那年穿越生死，我們進行了好幾次溝通。吉莉請我提起螺旋圓圈圖案、骨頭和矛。這些名詞對我毫無意義，但羅恩一聽簡直不可置信。他傳了訊息解釋：

「吉莉走了以後，我在後院做了凱爾特三螺旋，把她的骨灰放在中心，還在螺旋的中心放了一支力量強大的矛。這件事只有我老婆凱倫知道。」

即使羅恩是在吉莉離世後才做這件事，吉莉卻能精準描述細節。

另一次，我開車要去市區，在車上和羅恩通電話。他剛完成一趟薩滿旅程，去

吉莉

靈界跟吉莉見面。薩滿旅程能藉由靜心讓部分靈魂離開身體，前往另一個維度進行療癒或與另一個靈魂見面。羅恩見到吉莉，並送她一份禮物。他問我，吉莉能不能讓我看看那份禮物。

「羅恩，我正在開車，等我回家再問吉莉。」

才剛說完，我突然看到吉莉用鼻子推著一顆紅色的球。

「好，等等，吉莉說你送她一顆紅色的球。」我回答，同時心想我邊開車邊做動物溝通，八成已經犯了某國的法律。

「不可思議！」他說：「你看得見我在其中一趟薩滿旅程送給吉莉的禮物。天啊，太厲害了。」

那次對話過後不久，動物靈開始會直接出現在我面前。只要我深深望進他們的眼睛，他們的一生就會像書本般一頁頁展開，一覽無遺。

動物靈會不時出現在極不尋常的地方。某天我在逛超市，看見一隻烏鴉的靈在一位男子的肩上跳來跳去，那位男子完全不曉得有烏鴉跟著他。我瞄了一眼，發現他的手推車上放了一包用來餵野鳥的種子飼料。我感覺到烏鴉對男子的愛，所以當男子經過我身旁，我忍不住露出微笑。

男子會錯意，以為我對他有好感，立刻上前搭話。我實在不忍心告訴他，我其實是對他肩上的烏鴉微笑。

另一次我去剪頭髮，看見一隻貓的靈魂在一位女士的腳邊打轉。我與那位女士攀談，才知道她養的老貓最近過世了。

離開人世的毛孩喜歡不時回來探望我們，而且只要一念之間，毛孩就能回到你身邊。他們不在的時候，就想像他們在宇宙四處閒遊，過著充滿愛與正面能量的死後生活吧。

Part 2
分離與重逢

第11章 靈界

世上沒有死亡，只有轉世。

——西雅圖酋長

靈界是什麼？

動物的肉身死亡後，能量會去到靈界。那是另一個維度，也稱爲天堂或永恆，位置跟地球的大氣層重疊。動物離開肉身後，他們的能量（或說靈魂）可以從許多不同的出入口（傳送門）進出人間和靈界。

動物告訴我，他們可以到人間幾乎所有地方，而且可以輕鬆往返於兩個維度之間。他們最喜歡的入口通常是熟悉的地盤，例如最愛睡的床、最常待的椅子或窗台。有些動物喜歡從戶外的傳送門回來，例如田地、穀倉或其他常出沒的地點。

靈界在哪裡？

如果你現在是坐在椅子上看這本書，請把雙手往前伸直。現在你的手臂就在靈界。接著，請伸出一隻手往下摸到腳踝。現在你的手腳都在靈界。靈界不在某個遠得要命的宇宙，或是幾公里外的天上，靈界就在這裡，靈界無處不在。

正是因爲人間和靈界重疊，離世的毛孩才能在離開肉體後繼續與我們互動。有人推測靈界距離地面約六十到九十公分，所以有些幽靈看起來像是飄在空中。

動物靈現身時，有些在地面，有些在我腳邊，也有的會跳上大腿，還有另一種是飄浮在空中。我們和毛孩一樣，都是藉由肉體來到人間體驗的靈魂。等到我們在人間的時辰到了，我們也會跟早走一步的毛孩一樣，進入另一個維度。

根據動物的描述，靈界是一個充滿愛和喜悅的舒適空間，以前喜歡去的地方在靈界都有。最大的差別是動物的靈魂（或說能量）可以隨心所欲，想去哪就去哪，不會再被籬笆、後院或房子的牆壁擋住去路。

名叫橘子的貓

好幾次做離世溝通的時候，動物就在照護人工作的地方、在車上、在度假勝地等，什麼五花八門的場合都有。某天進行溝通前我先打開照片，照片中名叫橘子的貓已經過世了，他要我提到「牙膏」這個詞。

「牙膏嗎？」我詢問這隻橘色的虎斑貓。「好，我會記得講牙膏。」

我常接收到不知所云的訊息，但我的工作就是負責傳訊。不論訊息多古怪、多搞笑、多憂傷，我只是負責傳遞訊息的中間人。所以跟橘子的照護人凱希開始通話後，我就告訴她橘子說了什麼。

「我不清楚原因，但橘子要我跟你提起牙膏。你有想到什麼嗎？」我問。

「眞是不敢相信，我今天才出門買了一條牙膏，而且就只買牙膏。橘子當時也在店裡嗎？」

「沒錯！他看到你買了牙膏，想跟你說他就陪在你身邊。」

凱希哭了起來，那是幸福的淚水。「我一直好想他，他是我的全世界，我的一切。今天我拿著牙膏排隊等結帳，突然想到他，因爲我前面的人買了貓食。原來那一刻他就在我身邊，眞是太不可思議了！」

經常有客戶告訴我，他們曾感覺到過世的毛孩出現在身邊，例如眼角瞥到他們的身影，或是感覺他們跳到床上。這些事情確實會發生，毛孩隨時隨地都能回來找我們。

「講那個圓圓、有光在閃爍的東西。」巴迪是一隻過世的馬爾濟斯，我們連線的途中，他這麼說。

「這是什麼？」我不太確定他給我看的畫面是什麼東西。

「不知道，但是會反光。」他說，同時我的腦海閃過一個閃亮球體的畫面。

原來是巴迪的照護人芭芭拉在辦公室天花板吊了一顆迪斯可球。我很喜歡動物跟我分享他們當下看到的畫面，就像巴迪這樣。另外，我一直到看到巴迪的周圍呈現出藍色。芭芭拉便說，她還留著巴迪的床，放在辦公桌旁邊，床上鋪著他最愛的藍色毯子。

小可愛與英式煎餅

雖然聽起來很像甜點店的名字，實際上這是一隻臘腸狗的離世溝通故事。

「講一下英式煎餅。」小可愛傳來這段古怪的訊息。

我完全不曉得小可愛的照護人達琳聽到英式煎餅會作何反應。

達琳一臉困惑：「天啊，他怎麼知道？」

「所以你平常會吃英式煎餅嗎？」我甚至不知道英式煎餅長什麼樣子。我知道是英國人愛吃的點心，但一隻臘腸狗跟我提到煎餅還是令人匪夷所思。

「我今天早餐就是吃英式煎餅，吃起來跟英國的瑪芬麵包有點像。我之前從來沒吃過，這次是因爲有個朋友送我。小可愛非常貪吃，所以我一吃就想到他。我怕搬來新家後，他可能就找不到我了，想想有點難過。」

小可愛過世後，達琳傷心了好幾個月，察覺不到愛犬的能量其實就陪在她身邊。而且這趟搬家橫跨好幾個州，她擔心小可愛找不到新家。

「我一直爲了搬家這件事感到很愧疚。」達琳說：「我們把他安葬在後院，之後卻得知我先生要配合公司調到其他州，必須搬家，感覺上好像我們把他拋下不管。搬進新家後，我整天都在哭，老是悶悶不樂，到現在都還沒跟鄰居打聲招呼。」

「那你現在不必擔心了。小可愛隨時找得到你，而且會陪你吃早餐！」我在電話的這一頭露出微笑。

過了幾個星期，達琳寄來一張卡片。得知小可愛就在她身邊後，她整個人煥然一新。一句簡單的訊息，讓達琳對生命的看法完全改觀。她開始認識鄰居，參加毛孩離世的支持療癒團體，也開始去當地的動物收容所當志工。

「凱倫，我終於又能好好呼吸了。謝謝你讓我又活了過來。」

每次收到客戶的正面回饋，我總是感到很榮幸，但眞正幫到客戶的是毛孩，我只是負責傳訊的中間人。誰知道一句簡單的話語能帶來如此強大的療癒力呢？

靈界是什麼樣子？

動物說靈界是充滿愛與喜悅的地方，每個靈魂都彼此尊重、關心。大多時候，離世的毛孩都跟我們靈魂團體裡的靈魂待在一起，包括家人和朋友，不分人類或動物。有的時候，動物也會跟著天使、大天使、指導靈或其他不認識的人類或動物一起出現。

跟這些靈魂一起待在靈界是很美好的事情。想像你全身放鬆，漂浮在清澈溫暖的湖裡。溫度介於舒適的二十四至二十七度之間，空氣乾淨清新，微風徐徐輕拂。靈界不存在實體世界的病痛，不受肉身束縛。動物可以隨心所欲穿越不同維度，回到以前最愛去的地點。靈魂可以同時出現在多個地方，完全不受物理限制。

「感覺超棒！」剛過世的布布說：「我可以飛！」語畢，我就看到這隻毛色十分柔亮的黑貓的能量，繞著我的辦公室開心地飛奔。

動物談起人間的生活，往往都很開心愉快，很少沉浸在痛苦或不舒服的經驗。他們最愛聊自己的事，話匣子一開就關不起來。

他們會分享住家和照護人的資訊，以及其他有趣的生活小事。他們喜歡聊自己重視的人事物，話題天南地北，每隻動物都不一樣。

有一次溝通過程中，離世的狗狗里歐不斷把網球叼到我腳邊，抬頭看著我，等我把球丟出去。照護人凱瑟琳說，那是他以前最愛玩的遊戲。

想想你家寶貝以前最愛做哪些事，現在他們在靈界很有可能也是繼續做一樣的事。

毛孩會想我嗎？

照護人經常會問毛孩穿越生死後，會不會很想念自己。很遺憾，答案是不會，但且聽我解釋原因。離世的毛孩並非就此離你而去，他們仍是你生活中的一部分。他們穿越生死進入靈界後，一切其實變化不大。

毛孩仍然可以看到你，而且一樣愛著你，所以很少動物會說他們想念照護人。這個答案乍聽之下或許令人難以接受，但請不必為此傷心，這表示他們依舊在你身邊，這樣不是很好嗎？

如果再養一隻動物，離世毛孩會吃醋嗎？

常有客戶問，如果家裡再養一隻動物，離世毛孩會吃醋或不高興嗎？絕大多數的答案是不會，毛孩只希望你過得開心。你對其他動物表達愛的時候，離世毛孩也會感受到那份愛。

動物可以放掉對自己無益的情緒或想法，他們很少講照護人或其他動物的壞話，也不大會記仇。偶爾我會聽到兄弟姊妹相互較勁，或是同住毛孩之間的衝突，但他們往往只是輕描淡寫，講完就放下了。

動物和人類不同，他們不喜歡重提過去的創傷或過得比較辛苦的時期。離世毛孩大多真心感到快樂，無論何時跟他們連線，他們的狀態都很好。

毛孩看得見我嗎？

動物說穿越生死去靈界後，他們看我們是一團發光的球體。在他們心中，我們仍是記憶中的模樣，動物可以靠能量的振動頻率認出我們。

比如人類戴上面具後，動物的反應就是很好的例子。動物不認得那張面具，但一旦他們聽到聲音或聞到味道，就能立刻認出面具下的人。動物認得我們散發的能量（或說靈氣）和獨特的振動結構，就跟認得我們的長相一樣。不論我們身在何處，毛孩都能找到我們獨特的能量印記。

動物也能看到、感受到周遭環境，就跟在世時一樣。所以你也有可能在家裡看到或感覺到他們的能量一溜煙經過，彷彿他們還住在這裡。

離世的黃金獵犬溫徹斯特在溝通時，形容爸媽開心的時候，能量會發出猶如超亮燈泡的光芒，胸口中心、心臟和臉龐都受到亮光包圍。

動物會在靈界見到誰？

動物在世時會見到我們和其他人，到了靈界同樣會見到其他靈魂。他們也能感應到對方的能量，或是熟悉場所的能量。靈界幾乎凡事都以心靈感應的方式運作。

如果想見某人，立刻就能去到對方身邊；如果想去海邊，一眨眼就能抵達沙灘。他們能感應事物，或用能量看見事物。

比如在超市排隊等結帳，即使看著前方，你也能察覺有人排在後頭。你感覺到周圍有人，即使不轉過頭確認，你也能感應到對方的能量。毛孩在靈界感應我們，也是用一樣的方式。

毛孩在靈界如何溝通？

與靈界的靈魂溝通，跟夢裡的溝通類似。你有發現做夢時都不需要開口說話，單靠意念就能無往不利嗎？離世的親友來到夢境時，你不一定看得清他們的臉，但你能感應到能量，而且馬上就知道是誰。

我們在夢裡無所不能，高空飛天，水中漫遊，其實在靈界就是這樣。做離世動物溝通時，我主要靠靈聽力聽他們說話。但有些動物比較擅長傳畫面，或是傳達情緒，有些則是同時使用所有感官溝通。所以我必須配合動物改變使用靈透力，提高振動頻率。

有的毛孩傳訊很流暢，有的比較卡，跟平常聊天沒兩樣。有人口條很好，有人不擅言詞；有人說起話來情緒豐沛、搭配手勢，有人就內斂文靜。

動物也是如此。一場溝通什麼事都有可能發生，我必須考量到所有狀況，包括客戶本人在內。溝通不只是與動物連線，也關係到客戶的能量。有時溝通順利與否，客戶也是關鍵。

進行通靈或動物溝通時，務必保持平靜正面的能量。如果還沒準備好、有其他事情煩心或不舒服，建議另約時間。帶著正面能量，溝通管道才會敞開，確保溝通順利。

毛孩過世後，還會一直待在我們身邊嗎？

毛孩穿越生死後，通常會先待在附近，不時注意我們的狀況，或者去喜歡的地方溜達。你可能會感覺到他們在旁邊，或是在家裡明顯感受到他們愛的能量。隨著時間拉長，他們的能量可能會不如一開始那麼明顯。

這是因爲毛孩穿越生死成爲能量體後，會繼續學習成長。隨著靈魂繼續進化，有些毛孩會在死後世界投入其他活動，比如幫助其他人類和動物穿越生死，或是準備轉世，再次重返人間。也有毛孩會與群體意識融爲一體。

他們可能會順著靈性道路走向世界其他地方，甚至是其他宇宙，每個靈魂的旅程都不一樣。毛孩在靈界待得越久，他們在你心中就會變得越透明。每個靈魂都是獨一無二的存在，即使沿著完美神聖的道路繼續往前走，他們仍會永遠與你保持連結。

毛孩轉世後，還能繼續溝通嗎？

有一派靈媒認爲毛孩轉世後就不能再溝通，因爲他們已經進入另一個身體，過著下一段生命；另一派靈媒則主張還是可以跟那個靈魂連結。詳細內容留待輪迴轉世的章節再深入探討，現在只先提一點，那就是無論轉世與否，我在任何時間點都能與任何動物連上線。或許每個靈媒的風格不同，但我可以跟你認識的那個動物靈連線，也可以跟轉世後的靈魂連線。

有人問我能不能跟兒時的家中毛孩連線，有沒有超過幾年就無法溝通的限制。至少截至目前爲止，我還沒遇過因爲時間太久而連線失敗的狀況。我有幾位客戶都九十多歲了，我還是能順利與他們的離世毛孩連上線。

第12章 來自死後世界的暗示

你與離世摯愛的距離，僅相隔一念之間。

——約翰・霍蘭德

這個章節是我非常喜歡的主題。死後世界會捎來各式各樣的暗示，多到令人難以置信。毛孩穿越生死後，經常會試圖讓你知道，他們還在你身邊。有時他們會以非常清楚的形象進入你的夢境，有時只是輕輕擦過你身邊，就跟還在世時一樣。不是每個人都能感應到毛孩的能量，但大多毛孩都告訴我，他們與我們只相隔一念之間。

「爲什麼我感覺不到艾克索的能量？」傑西的十三歲混種比特犬剛離世。艾克索用我見過最哀傷的雙眼望著我：「我一直都在他身邊，跟他說我就在這裡。」他給我看一個鬧鐘。

「我看到一個鬧鐘，傑西。你知道是什麼意思嗎？爲什麼艾克索要給我看這個？」

傑西說自從艾克索離開，每週末他的鬧鐘都會在清晨五點半自己響起。

「天啊，那是艾克索嗎？以前週末我們都會在清晨去慢跑。」傑西說：「我就想說是不是艾克索讓鬧鐘響的。」

動物的能量可以操縱電子

動物必須耗費非常多能量，才能以任何形式在我們眼前顯化。我向傑西解釋，是艾克索在操縱他的電子設備，因爲這件事對艾克索來說很簡單。

「艾克索現在是純粹的能量，用能量去干擾電子產品不就是最簡單的方法嗎？」

「確實很合理。」傑西表示。

「他非常愛你，他想告訴你他就在這裡，所以才把鬧鐘弄響。」

動物告訴我，他們會想盡辦法，運用周遭各種資源，讓人類發現他們的存在。毛孩需要使用能量才能操縱物體、送出暗示。你可以爲他們補充靈性燃料，說不定他們會對你發出更多暗示。

靈性燃料包含充滿愛的意念、祈願和快樂的回憶。想像你送上強大的能量，爲他們補充靈性燃料。說不定你慢慢會開始隱約感應到能量，或是夢到毛孩。

好多暗示！

死後世界的其他暗示包含看到蝴蝶、瓢蟲或蜻蜓，這表示毛孩的靈魂就在你附近。毛孩也會送上羽毛或硬幣，表示他與你同在。也有毛孩很有創意，你會在廣播聽到，或在廣告看板上看到他的名字，有些毛孩甚至能移動物體。

離世的左左告訴我，他會把爸爸麥可放狗狗零嘴的櫥櫃打開。麥可聽了放聲大笑，說他還以爲自己瘋了，因爲他早上一起床，櫥櫃就已經打開了。現在他看到櫥櫃打開都很高興，他知道這是左左來打招呼、表現愛的方式。

想像少了肉體，要移動物品是多麼困難。我想起派屈克·史威茲主演的《第六感生死戀》，他扮演的角色山姆意外遭人殺害，山姆死後必須學會如何操縱物體。沒了肉體後，光是踢一下飲料罐、移動一枚硬幣，山姆就花了很多時間才學會。

即使你感覺不到毛孩在身邊，不代表他們眞的不在。只要一個念頭，毛孩就能來到你身邊，而且他們很需要你充滿愛的意念和快樂的回憶。

名叫小猴的貓

小猴是隻十五歲的灰貓，當時已經穿越生死去到靈界，於是薩曼莎請我做離世溝通。小猴講了很多他到薩曼莎夢裡的細節，想讓她知道自己一切都好。他也給我看了一個愛心圖案的相框，還有一隻小鴨的畫面。

「你知道這些畫面是什麼意思嗎？」我問道。

「應該知道。」薩曼莎的聲音含糊不清。「每個人都會夢到毛孩，這不算什麼。爲什麼我感覺不到他的存在？我好想他。少了他，一切都變了。」

我向薩曼莎解釋，並不是每個人都能夢到離世的毛孩。有些客戶願意付出任何代價，在夢裡見寶貝一面。

「能不能請你跟我兒子說，我很想要感覺到他在我身邊。跟他說，他不在我也活不下去了，拜託你。」薩曼莎苦苦哀求，她很傷心，因爲她沒接收到最想收到的那種訊息。

過了幾天，薩曼莎打開溝通的錄音檔，才發現小猴分享的訊息細節只有他才知道。他的照片就放在愛心圖愛的相框裡，擺在薩曼莎的床頭。而他最愛的玩具是一隻小鴨。小猴特地提起這些細節，讓薩曼莎知道他確實在她身邊，永遠是她生活的一部分。

暗示無所不在

瑪莉請我為名叫皮特的貓做離世溝通。開始前，皮特請我提起床邊的檯燈，還加上一句「晚安」。我問瑪莉為何皮特要說「晚安」，並跟她說了檯燈。她說皮特過世後，她會在半夜醒來，感覺皮特就在床上。每次她有這種感覺，床頭櫃的燈就會閃爍。她說皮特最喜歡晚上在床上依偎的時間，他總是睡在靠檯燈的那一側，而瑪莉伸手關燈時，她都會跟皮特道晚安，說她有多愛皮特。

另一場離世溝通是葛雷格和名叫傑克的狗。傑克一直給我看一道狗門，狗門不斷開開關關，發出奇怪的喀聲。葛雷格在電話的那頭微笑，他說傑克穿越生死後，狗門會自己開關，那個奇怪的喀聲是磁扣吸住的聲音。葛雷格還以為自己瘋了，開始產生幻覺。現在知道傑克還在家裡，用狗門跟自己打招呼，葛雷格既開心又鬆了一口氣。

看完這些故事，你會發現毛孩往往會用不同方式暗示自己還陪在你身邊。大多時候，他們會用以前常做的事來引起注意。如果你感覺不到毛孩的能量，或者沒注意到不尋常的現象，請別沮喪。這並不代表他們不愛你，或是他們永遠離開了，只是並非每個毛孩都會堅持到成功引起你注意爲止。我遇過一些毛孩向照護人暗示好多次，但也有毛孩作罷。我跟他們問候狀況時，他們說暗示與否跟愛無關，純粹是每個靈魂的個性或風格不同罷了。

某次溝通過程中，離世的大丹犬庫柏提到一幅畫，還有一個很大的撞擊聲。照護人泰芮不太確定這段訊息指的是什麼，她說她得再想想。溝通結束後，泰芮說家裡有一幅庫柏的畫像，因爲還沒想好要掛哪裡，所以先斜靠在牆邊。某天畫像突然倒下來，撞到地板發出很大的聲響。庫柏想讓泰芮知道他就在這裡，而且他覺得畫像畫得很好。

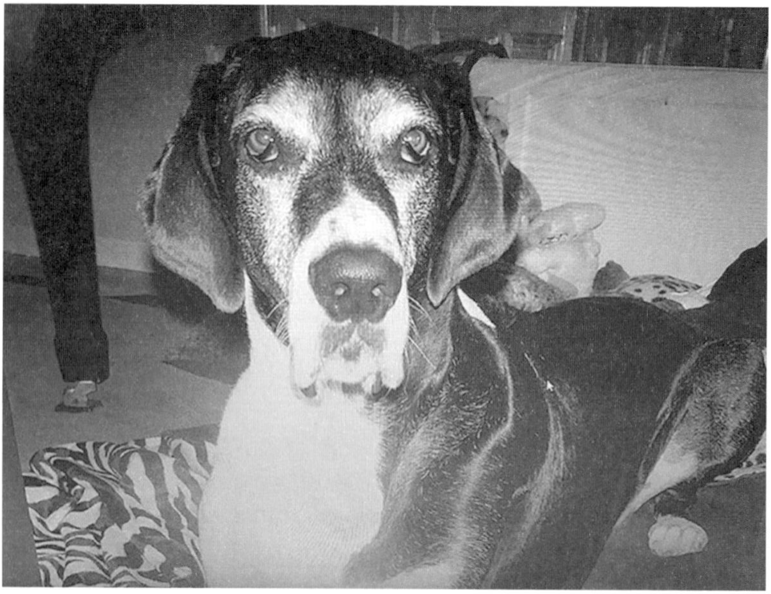

庫柏

而且庫柏每次去找泰芮，都會留下一個非常特殊的暗號：十一分錢。庫柏是五月十一日穿越生死，從那天起不論泰芮去到哪裡，總會找到十一分錢。而且不是兩個五分硬幣加一個一分硬幣，一定是十分硬幣和一分硬幣各一枚。泰芮曾在電梯、車道、醫院診間等地方找到十一分錢，那是庫柏在跟她說：「媽媽！我在這裡陪你喔！」

動物能感受我們的情緒

毛孩在世時就能察覺我們的情緒，離世後也不例外。我們因失去而痛苦不已時，他們都知道。所以坦然面對情緒，一步步收拾心情，會對離世毛孩產生正面效果。好好接納這份悲痛的心情，就能跨出一步療癒自己，而毛孩也會因為療癒力量而受益。

失去毛孩，心情肯定會大受影響。這段沉痛的日子裡，你可以用力地傷心、不知所措，不必擔心這些情緒會傷害到毛孩，或阻礙他們繼續踏上靈性旅程。你的毛孩非常愛你，他只希望你能早日走出傷痛。

你必須學會習慣毛孩不在的生活，這件事或許很煎熬，但請耐心對待自己。接受悲傷的過程要花數天、數週，甚至數個月不等，每個人的時間表都不一樣。

悲傷襲來的時候，我喜歡做些小事情讓自己快樂，比如買一束鮮花回家插在花瓶裡、專心聽最喜歡的音樂，或是去樹林裡散步。

最後，你的身心靈都會做好準備，跨出一步往前邁進。看到你邁入下個階段開始療癒，毛孩也會非常開心。關於接受悲傷和療癒的過程，後面的章節會再深入探討。

第13章 死後的世界沒有時間

愛超越了生死。

——愛德加・凱西

名叫小謎的貓

卡蘿的貓小謎穿越生死了，卡蘿請我確認小謎的狀態，是否一切安好。小謎很期待跟卡蘿溝通，等不及想出場。離約定時間還有兩小時，小謎就已經出現在我面前，跺上我的辦公桌。我想盡辦法說服她晚點再來，但她完全充耳不聞。這隻很瘋的貓就這樣在場看我做了兩場溝通，等待輪到她的時段。如果你有弟弟或妹妹會在你看電視的時候擋在電視機前面，那你一定懂我的心情。

線性時間不存在

離世的人類靈魂也會迫不及待想連線。某天早上我六點半起床煮咖啡，經過客廳看到一位陌生老人坐在我的躺椅上，我嚇到整個人動彈不得。平時家裡只有我一個人，可想而知當下我受到多大的驚嚇。老人顯化出完整的身體，我楞在原地半晌，不停眨眼睛，思考該不該去拿獵槍。然後我才發現他是靈體，因爲他的身體是透明的。

「你是誰？」我詢問。

「我是羅伯特。」他說：「我在看球賽。」

話一講完，他繼續盯著我的電視看，但電視根本沒開。

「好吧，羅伯特，你來得太早了。晚點再回來吧。」

他把我的話當成耳邊風，拿起遙控器開始對著電視咒罵。我好幾次試圖請他走，結果他在我家待了一整天。當天進行溝通時，我逐一詢問客戶認不認識一位脾氣暴躁、名叫羅伯特的男子，但沒人認識，就這樣一路到當天最後一位客戶。

「噢，他是我叔叔！」預約六點的史蒂芬說：「我們以前都會一起看棒球，每場都準時收看。他會看到生氣，對電視大吼大罵。」

「沒錯，我見識到了。」這位說話不經修飾的不速之客搞得我好累。

羅伯特叔叔說完想說的話後，就憑空消失了。

每場溝通都是獨一無二的新體驗，我永遠不曉得誰會出現，又會帶來什麼訊息。

第14章 誰會在靈界迎接我的毛孩？

找到這輩子的天賦，
是邁向開悟的必經之路。

——靈媒與通靈人艾莉森·迪布瓦

大多人都很好奇，毛孩穿越生死後，誰會在靈界迎接他們？是離世的故人，還是另一隻毛孩？不論誰來迎接，我們都希望寶貝能安詳辭世，順利抵達靈界。

大部分的離世毛孩都說，是已經過世的家人朋友來迎接，人類和動物都有。也有一些個案是天使或指導靈現身，而且都會很開心慶祝毛孩穿越生死。

我的客戶琳恩想跟她的馬道別。跟波斯連線時，我看到一匹灰色母馬的能量來到辦公室。琳恩說那是波斯的生母，幾年前先走了。看到波斯和媽媽以靈魂的形式重逢，那個畫面實在美麗動人。

一隻叫肉豆蔻的鸚鵡告訴我，一位離世的奶奶在靈界迎接她。安琪拉說她很擔心沒人來接肉豆蔻，所以請她已經過世的奶奶照顧肉豆蔻。即使奶奶和肉豆蔻在世時不認識，他們對安琪拉的愛仍足以讓這兩個靈魂在靈界相遇。

誰會來迎接流浪動物或收容所的動物？

流浪動物穿越生死後，靈界一定會有個親切的靈魂來接應。收容所的動物和其他無人收留的動物也是如此。

天使、指導靈或其他離世動物會在這些動物穿越生死的第一時間歡迎他們。就我所知，每個動物靈的身邊都有親切的嚮導，不會孤伶伶在宇宙漂泊。

當毛孩臨終之時

聽起來很簡單，不過抱持正面想法眞的能幫助毛孩在最後的日子過得稍微輕鬆一點。告訴毛孩你有多愛他、多重視他，聊聊你們彼此最珍藏的回憶，或是在心中想像他依舊是快樂健康、活蹦亂跳的模樣。你也可以請離世的故人或動物在毛孩穿越生死時，在靈界迎接他。

你的毛孩非常愛你，他會希望盡量在你身邊留久一點。請積極採取措施，減輕他身體上的痛苦與不適，盡量在他該離開的時候放手。給他滿滿的愛與支持，以及平靜的能量，好讓他安詳地離開身體。

得知離世親友會在靈界迎接毛孩，頓時讓人安心不少。但輪到我們穿越生死的那天呢？毛孩會在靈界歡迎我們嗎？

第15章 我的毛孩會在那裡迎接我嗎？

試問天堂爲何物，有吾貓迎接之處。

——佚名

放一百個心吧，你的毛孩絕對會在！你可能聽過「彩虹橋」的說法，你認識的所有離世動物都會在一片美麗的草地上等著你。即使彩虹橋是虛構的地方，說起來跟靈界也相去不遠。毛孩絕對會在我們穿越生死的時候前來迎接，而且會在靈界開心慶祝。

動物告訴我，即使肉身在人間，靈魂也有一小部分留在靈界。穿越生死後，

皮娜

我們才終於能跟這一小部分再次連結，變得完整，重拾全部的能量。所以有些人會說去靈界是「回家」，回到這次轉世前創造出我們的地方。回到造物主身邊，回到神聖的源頭。

名叫皮娜的貓說她離世後，照護人黛安的靈魂去靈界的一座城堡見她，但是黛安明明還活得好好的。皮娜給我看那座美麗的城堡，說裡面有好多花和華麗的裝飾。黛安也說她發生了彷彿靈魂出竅的體驗，去了一座符合敘述的城堡見到皮娜，彷彿在做夢卻又非常身歷其境。

溝通結束後不久，皮娜在黛安家浴室起霧的鏡子上，留下那個奇幻會面地點的圖案。黛安拍下鏡子上的圖案傳給我，我一看嚇了一跳，那圖案就跟皮娜在溝通時給我看的那座城堡幾乎一模一樣。

總有一天，我們會再次回到家，回到神聖的源頭，與這輩子愛過的所有動物團聚，到時候我們就知道這一切到底是怎麼一回事了。

第16章 意外過世的毛孩

動物朋友生性沉著寬容，
每天都能爲我們帶來正向的靈性教導。

——艾克哈特·托勒

「我的狗被我害死了！」電話的那頭傳來馬琳的嗚咽聲。馬琳有一隻名叫公主的吉娃娃，某天她關車門時，沒注意到公主就在門邊。公主受了傷，沒能活下來，在馬琳的懷裡走了。

這種因爲照護人自身行爲，意外造成毛孩過世的事件，往往會對照護人造成非常嚴重的打擊。強烈的愧疚感迫使他們做出重大改變，以免再次受到痛苦的折磨。有的客戶在毛孩意外過世後，決定今後不再與任何動物當家人。也有人不斷懲罰自己，長年背負沉重的內疚感。

毛孩會原諒我們嗎？

大部分的意外離世毛孩來溝通時，都會聊聊快樂的回憶，鮮少提到不幸奪走他們生命的那場意外。他們通常想不起來，或是不去回想死亡的那瞬間，身體究竟發生什麼事。大多數痛苦的事情，他們好像都記憶模糊，甚至完全忘記。

人類經歷創傷事件也會發生類似的記憶喪失現象，比如許多出過嚴重事故的人都想不起事發經過。他們知道自己事前在做什麼，但是對於事故本身完全沒記憶。

動物告訴我，自己上一秒還在原地，下一秒就離開身體了。有些毛孩會給我看造成他們死亡的對象的畫面，例如一輛汽車、掠食動物等，但都不是事發經過的畫面。他們經歷生命結束的體驗，其實跟人類想像的大不相同。

雖然動物不想死，但他們比人類更能接受死亡。他們會說：「我的身體不能用了。」或是「我離開身體了。」從來沒有一隻毛孩說，他們是被照護人殺死的。

我和公主連線時，她完全沒提到那起意外或車門相關的話題。她的能量輕盈明亮，爲我們帶來許多詳細的訊息，而那件可怕的致命事故絲毫不存在她的記憶裡。

有一天，崔西聯絡我，請我確認名叫大男孩的貓在離世後是否安好。某天崔西倒車時不小心壓到大男孩，幸好他當下保住性命，只是斷了一條腿。沒想到不久後，傷口出現併發症，大男孩就走了。

溝通期間，大男孩只說他非常愛崔西，跟崔西在一起很快樂，他很珍惜這段時光。他讓我看如果他眞的活下來，往後必須承受更大的磨難。

講到一半，他突然給我看一隻被截除的腿。我猜他的意思，如果活下來就必須進行截肢手術。我跟崔西說我看到的畫面，崔西突然哭了起來。後來我才知道，崔西幾個月前出了一場嚴重車禍，不得不進行腿部截肢。大男孩完全沒在想自己的死亡經歷，他傳來的訊息其實指的是崔西的嚴重傷勢。他擔心的不是自己，而是親愛的照護人。

請記得：

你從來無意傷害毛孩。

即使意外不幸發生，要知道他們仍能感應到你對他們的愛。

未來你和毛孩再次團聚，他們對你的愛只會更多更深。

你的毛孩永遠在你心裡，永遠是你不滅靈魂的一部分。

第17章 靈性動物開口了

跟動物說話，動物會回應你，你們會了解彼此。
不跟動物說話，對他們一無所知，人就會恐懼。
一旦恐懼，就會起消滅之心。

——丹・喬治酋長

離世動物帶給我各式各樣的訊息，有時候連照護人聽了都大吃一驚。沒人知道毛孩會說什麼，所以每一場溝通都很有意思。

傑克是一隻九十公斤的英國獒犬，跟他做離世溝通時，他表示很擔心照護人的健康，於是沒頭沒尾地傳來一句：「跟她說在腺體。」

來找我溝通前，瑪若琳的身體不適已經持續一陣子了。她看了好多科門診，醫生都無法找出確切病因。收到傑克的訊息後，瑪若琳又去做了一些檢查，才驚覺自己得了乳癌，癌細胞已經擴散到淋巴結，又稱淋巴腺。

幸好瑪若琳及時發現病灶，及早開刀進行化療，現在健康狀況良好，這都要感謝她離世的愛犬傳來那句救命訊息。

露比

離世的馬兒露比在溝通時，請我對照護人湯瑪士說「羅克希和禮物」，還說十月是很重要的月分。當時我和湯瑪士聽了都一頭霧水。

大約過了一年，湯瑪士突然很想去拜訪當地一位養馬人，但是他失去露比後其實無意再養馬。到了現場，養馬人帶他看一匹小母馬，湯瑪士一看大為震驚。小母

爵尼

馬名叫「羅克希的禮物」，而當時正是十月。

爵尼

離世的貓爵尼一直跟我說有個很大的嗶聲。他的照護人艾瑞克就說，最近煙霧探測器會莫名其妙響起，換了電池也沒用。爵尼於是坦承是他在干擾探測器，他想跟艾瑞克說他來了。

奈麗

奈麗

離世的狗奈麗在溝通時，請我提起「狼人傑克」。兩位照護人戴安和強恩過了一陣子才意會奈麗在講誰。溝通過後一個月，他們發現一位老朋友過世，他的綽號就是狼人傑克。這位朋友很愛狗，想必他和奈麗已經在靈界重逢了。

多比

有一天，我正準備要和名叫

多比

多比的狗連線，忽然間聞到油性麥克筆的味道。照護人法蘭克打來進行溝通時，我問他最近是不是在用油性麥克筆寫字。法蘭克回說，打這通電話前他確實正在用麥克筆寫字，現在那枝筆就放在他面前。

如果這還不足以證明比特犬多比當時就在法蘭克身邊，多比還給我看一尊天使的雕像。法蘭克解釋，那個當下他正在盯著一尊天使雕像，旁邊還放著多比的相片。

艾伯特

馬兒艾伯特過世後，仍悉心守護著照護人梅莉莎。溝通時，艾伯特提到一場大淹水，我看到屋子一片狼藉。梅莉莎解釋家裡水管破裂，地下室鬧淹水。

淑女

名叫淑女的狗在離世溝通時，請我提起「特別的名字和便便」。原來淑女的綽號是便便小姐，她甚至唱了一首便便小姐的歌給我聽，害我被那首歌洗腦好幾天。

奇娃

尚恩是我很重視的一位客戶，某天他請我跟他的貓奇娃做離世溝通。奇娃非常厲害，那幾年她傳來許多關於工作、人際關係和家人的訊息，全都正確又詳盡。有一次奇娃突如其來提到寶寶，尚恩說他不知道身邊有誰快生寶寶了，那次溝通就到此結束。

不到一個月，尚恩的妻子懷孕了。他們之前跑了好多診所醫院，醫生都宣告不孕，所以小摩根的誕生更顯得彌足珍貴。誰知道離世的奇娃早在將近一年前就知道了呢？

離世毛孩喜歡與我們分享生命中有趣或重要的時刻，他們想讓你知道，他們會永遠愛你，永遠在靈界守護著你。

第18章 動物是目擊證人

過往我們無知地認爲某些行爲唯有人類能做，現在發現許多動物也辦得到。

——珍古德

擔任執法人員時，我發現在世的動物能夠正確具體地描述他們看到的犯罪事實。那麼離世的動物也能從靈界提供足夠的情報，協助偵破兇殺案嗎？

一九八〇年代前期，一名年輕女子被發現陳屍在紐約中央公園。警察已經鎖定一名嫌犯，但是採集的DNA證據不足以將他逮捕歸案。主嫌接受警方審訊時，坦承受害女子失蹤當天，他曾去中央公園遛狗。我拿到一張主嫌的狗的照片，當時那隻狗已經穿越生死，我問她案發當天發生了什麼事。

狗告訴我，她的照護人確實攻擊並殺害了那名年輕女子。她給我看了棄屍地點的細節以及受害人當天穿的衣物，這些資訊從未向大眾公開。

另一件案子是一起綁架案。布萊恩平時跟兩隻貓住在家裡，某天在自家被歹徒綁架。

當局怎麼找都找不到布萊恩的遺體，案子始終懸而未決。

後來我跟兩隻貓溝通，其中一隻貓說出幾個細節，並告訴我一個姓名縮寫ARJ，而主嫌的名字正是小阿諾．羅伯茲（Arnold Roberts Jr.）。兩隻貓也敘述了當天布萊恩在家裡遭到襲擊的經過。他們描述兩名男子的樣貌，並留下一則難解的訊息：1515和兩匙。

沒人解出訊息的意涵，直到多年後，偏遠地區的一位農夫犁田時發現一具人類遺體，經過警方辨識身分確認是布萊恩。那座農場的地址正是兩匙路1515號。

我經手過許多起懸案，很清楚離世毛孩能正確還原案發經過。動物別無居心，純粹以不偏不倚、還原事實的態度分享資訊。即使當局無法逮捕嫌犯，動物提供的詳盡資訊已經是最好的答案，讓無數的受害者和家屬得以放下、平復傷痛。

第19章 喵星人

我們在塵世如何對待貓咪，決定了我們在天堂的待遇。

——羅伯特・安森・海萊恩

誰是世界上最聰明的動物？

經常有人問我哪種動物最聰明。你可能會想到海豚、靈長類或豬，我的答案不作他想，是貓。

上述提到的其他動物智商很高，這點無庸置疑。但我溝通的對象就屬貓、狗、馬爲大宗，而這三種動物之中，貓最常讓我出洋相。

一隻名叫班吉的老貓身體非常衰弱，我連線問候他的狀況，感覺他已經在天堂門口徘徊。照護人羅妮請我確認班吉是否已經準備好穿越生死，當時我能感覺到他的身體機能正在逐漸衰敗，於是告訴羅妮，他可能時日無多，也許這幾天就會離開。

結果，猜猜是誰在溝通結束後迴光反照？班吉恢復精力，又活了好幾個月，而我整個糗到不行。這些貓眞是的。就喜歡跟我唱反調！

但說起來也不是壞事。溝通時，我會讓動物沉浸在滿滿愛的能量裡，療癒他們的身心。即使溝通結束後，這股能量也會久久不散。

達德利是一隻十歲的貓，他說他已經嘔吐好幾天，剛剛胃痛得不得了。他沒提到其他健康問題，於是我跟照護人茱麗說，他很快就會恢復健康。不料幾天後，達德利走了，死因是一種癌細胞增生快速的肺癌。我和離世的達德利連線，他說他的時候到了，茱麗和醫生做再多也是徒勞。

我的判斷並非百分百正確。人非聖賢，孰能無過。我盡力從經驗中學習，同時也意識到無論我多努力，我離完美的境界仍然很遠，而且有些資訊我無權知道。

第20章 隱私防護罩

成長最多的靈魂，有時會選擇最崎嶇難行的道路。

——《前世今生》作者、精神科醫師布萊恩．魏斯醫學博士

溝通師有能力接收非常詳盡的訊息，但是部分特定訊息有可能傳不過來。每個人都有一層保護隱私的防護罩，不管我再怎麼努力，有些資訊就是無權得知。

別擔心，離世毛孩不會透露你的銀行帳戶或密碼，也不會說出你的網路帳號和手機解鎖密碼。拜託，樂透中獎號碼我都不知道問幾次了。

正是因爲訊息有篩選機制，我們才能更放膽培養直覺，並學會相信直覺。如果

凡事伸手就有答案，那跟作弊沒兩樣，最終這趟生命什麼也沒學到。

你的私人生活也會受到隱私防護罩保護。不論毛孩看到你在做什麼不願與外人分享的事情，他們都不會讓我看到那些畫面。

截至目前爲止，我收到最私密的訊息來自名叫潔瑟貝的貓。她脫口而出：「媽媽買了一件粉紅色的內衣！」確實伊蓮剛買了一件粉色內衣。

我沒看到那件內衣，也沒看到伊蓮穿著內衣的樣子，只是單純聽到這句話。這些私生活的細節就留給貓去關心吧，他們很會注意周遭大小事。各位大可放心，人人都有隱私防護罩，你私底下的生活並不會意外被毛孩公開。

看完前面的故事，希望你已經更了解離世毛孩如何在靈界持續與我們連結。本書第3部分將切入更嚴肅的主題，包括安樂死，以及動物如何經歷肉體死亡。

我也會仔細說明如何面對悲傷的不同階段，並分享接納傷痛、進一步展開療癒的方法。談論死亡與哀痛並不容易。希望動物的觀點能帶你從全新角度理解死亡經歷。

Part 3
死亡與療癒

第21章 臨終之時

你幫助我離開衰敗的身體，我一點也不怪你。
那是愛能給予的最大贈禮。

——凱倫・安德森從靈界接收到的訊息

穿越生死的時間是毛孩自己選擇的嗎？

毛孩將性命完全交付給你，即使走到生命的最後階段也不例外。面臨毛孩的生死交關，你的判斷可能受情緒左右，更難決定何時該放手。

許多離世毛孩告訴我，是他們選擇何時穿越生死，他們會特地等到照護人不在才離開身體。所以照護人旅遊或出差行程結束回到家發現毛孩過世，往往驚愕不已。

他們會自責沒照顧好心愛的毛孩，但動物不見得這麼想。有些毛孩甚至會離家，找個安靜的地方嚥下最後一口氣。

名叫塔柯達的澳洲牧牛犬

卡拉和布拉德是我的好友，他們一早起來發現心愛的塔柯達在睡夢中安詳過世。我曾在《聆聽萬物的聲音！》一書分享塔柯達的故事。二〇〇五年，卡拉第一次做動物溝通，塔柯達就帶來卡拉的指導靈。塔柯達是十二歲的帥氣澳洲牧牛犬，天性聰明，幾乎所有指令都能照做，也聽得懂人話。他因爲心臟衰竭意外過世，卡拉和布拉德身心交瘁，急著想跟寶貝愛犬溝通，他們很遺憾沒機會跟睡夢中走掉的塔柯達道別。

連上線的塔柯達感覺非常快樂，帶來滿滿的愛，很開心見到卡拉和布拉德。他說那是離開的最佳時機，離開肉身的過程非常順利。現在塔柯達和蒙提與派珀在一起，這兩隻狗也分別在同年稍早的時候過世。

溝通接近尾聲時，卡拉問塔柯達有沒有甚麼話要跟布拉德說，塔柯達回答：

「轟轟！」

「他說『**轟轟**』，你們知道是什麼意思嗎？」我問。

卡拉和布拉德聽了會心一笑。每次他們問：「塔柯達，車子會發出什麼聲音？」塔柯達都會回答：「**轟轟**。」

顯然塔柯達一切都好，早就做好離開身體的準備。卡拉和布拉德辦了一場感人的告別式，將塔柯達安葬在他們最愛的其中一棵樹下。

毛孩會以各種方式離開我們，睡夢中平靜地穿越生死其實是很好的走法。不必爲了看獸醫搞得人仰馬翻，也不必焦急地等待醫生宣布結果。我家的毛孩都不是在睡夢中死去，每隻動物都是我協助穿越生死。現在農場還有幾隻動物，也許某天他們也能走得很安詳。

我常聽到平時從未踏出前院半步的貓狗，在生病或步入晚年後貿然離家出走。照護人不知道心愛毛孩的下落，只怪自己沒把毛孩照顧好。

理解毛孩穿越生死的過程和後續，能幫助照護人平復心情，接受毛孩離去的事實。

毛孩會保持距離，準備離開

常有人擔心毛孩如果獨自穿越生死，死後會在靈界迷路。有些毛孩希望有我們陪在身邊，有些毛孩則寧願獨自死去。如果能事先確認毛孩的臨終意願，那是最好。

如果你發現毛孩行爲古怪，變得疏離，有可能是他們正在準備穿越生死。有些毛孩身體衰弱時，會覺得自己處於弱勢，他們不一定想讓其他同住的毛孩看見自己虛弱的模樣。請讓他們找個安寧平靜的地方休息，迴避其他人和動物。

野生動物臨終前，會出於本能跟同群的其他動物保持距離。虛弱、生病或受傷的動物可能會引來掠食者，使群體陷入危險。基於相同理由，有些動物會直接被驅逐出群體。

這些動物會獨自生活，等待病情、傷勢惡化，或掠食者來奪走他們的生命。這是生物的生存本能，以求保住同群動物的性命。

動物天生想在安靜的地方面對死亡

我們傾向於陪在將死之人身邊，時時刻刻悉心照顧他們的所有需求，但這是人類自己的觀念。如果毛孩想要獨處，請記住這跟你個人無關，也不代表毛孩不愛你，純粹是動物的天性使然。他們只是順應強烈的本能，按照大自然的安排順勢而為。

請容許毛孩在離開人間之際，仍能保有尊嚴。

如何幫助毛孩準備離世？

最後的日子，盡量讓毛孩過得舒適自在。觀察身體語言和肢體動作，判斷他有什麼需求。大聲說出你對他的愛和感謝，說你很珍惜與他共度的時光。

幫助毛孩穿越生死的小提醒

- 心情保持平穩，如果情緒起伏太激烈，毛孩也會不好受。
- 讓他待在安靜獨立的空間，隔開嘈雜環境、其他動物和年幼的孩子。

・盡量不要緊迫盯人或給予太多情緒刺激。
・如果毛孩想獨處，請尊重他的意願。
・抱持愛的意念，回想快樂的時光。
・邀請離世的故人和動物在毛孩穿越生死時前來迎接。
・觀想他從衰敗的身體中解脫。
・想像他去到一個美麗的天地，那裡溫暖舒適且充滿了愛。
・將你最近用過或穿過的毯子、毛巾、上衣放在毛孩身邊，讓你的氣味陪伴他，尤其是去看獸醫的時候。
・輕聲細語，語氣平緩，以平靜的心情送他走。
・說你會很想他，但你知道他該離開了。

如果你覺得毛孩已經到了生命的盡頭，請盡量配合他的需求。如果你散發出充滿愛與平靜的能量，毛孩離開身體的過程會更加順遂。

第22章 安樂死：困難的抉擇

那天你嚥下最後一口氣，我的世界從此陷入無盡漆黑。

——琳達．切爾德林．菲爾

當毛孩走到生命的最後階段，安樂死的選項就像一大片令人卻步的烏雲籠罩著照護人。面臨過這項無解難題的人都知道，那段日子極其難受無措。

臨終前的日子充滿了磨難，每天心情都像在洗三溫暖。情況好的日子，一切看似正在好轉；情況不好的日子，你質疑自己是不是太自私，讓毛孩無端受苦。

有時候動物會奇蹟似康復，生活逐漸回歸正常，但就在你慶幸寶貝撐過了這一關，死亡再度臨門，毛孩的健康狀況急轉直下。

這種情況最常發生在深夜、週末或假日，那些最不湊巧的時候。這種事永遠沒有湊巧的時候。於是我們來到無解的交叉路口，決定是否要結束最愛寶貝的生命。

結束毛孩的生命是正確的決定嗎？

我們都知道總有一天要跟毛孩道別。許多人暗自希望毛孩能在睡夢中安詳離世，我們就不必走上這條想都不敢想的安樂死之路。我們用生命在照顧毛孩，誰都不願意結束他們的生命。

有人說擅自終止生命是不對的；也有人說明明可以用人道的方式讓毛孩不再痛苦，繼續眼睜睜看他們受折磨才殘忍。不論我們怎麼看待安樂死，都是出於對毛孩的愛，愛會將每個人連結在一起。這份對毛孩的愛的力量，能凝聚所有人的心。

許多客戶說自己完全不知道毛孩病了。前一天還好好的，今天卻突然陷入健康危機。或許你一開始眞的很錯愕，但一旦開始回想毛孩的行爲，其實是我們自己無視或忽略了生病的徵兆。

我們往往會忽視古怪行爲

很多照護人都有類似經驗，我自己也不例外。儘管注意到毛孩行爲有點不尋常，卻不太在意，認爲沒什麼大不了。後來那隻毛孩過世，我自責得不得了。你可能會認爲既然我能跟動物溝通，就不會遇到這種事，實際上不然。我是可以問候動物，感知他們的痛苦指數，但我還是得靠常識和過往經驗來判斷狀況。

這些年來，我學會留意細微末節和蛛絲馬跡，而且努力吸收新知，了解動物的各種健康問題。我仍然不能保證毫無失誤，有些跡象仍會不愼看走眼，但至少我不再忽視動物的古怪行徑。

安樂死能減輕毛孩的壓力嗎？

有人認爲人類不該干涉毛孩的生命歷程，畢竟生在野外的動物都是自然死亡。話雖如此，我常聽到自然死亡的毛孩說，臨死的時刻很艱難，他們受到相當程度的折磨，或者死前感覺很痛苦。

正因如此，我非常支持只要能進行安樂死，就應該這麼做。動物告訴我，安樂死能大幅降低對身心的創傷。只要照護人保持心情平靜，毛孩就能更安詳離世。說到底，是否讓毛孩安樂死是個人的選擇，你應該聽從內心的聲音做決定。不論作何選擇，最後照護人還是不免會因爲毛孩過世而自責愧疚。

安樂死的適當時機？

有些人會怪自己選擇安樂死，不肯花大錢讓毛孩動手術。我們很難決定安樂死的日期，也擔心毛孩是否會生氣，或不諒解我們決定結束他們的生命。

我們會擔心毛孩正在受苦，於是每天都問自己同樣的問題：這個時間點對嗎？是不是拖太久？是不是太早讓他走？後面章節會帶各位了解毛孩死亡的當下。現在先來聊聊，如何選擇道別的時間點。

這是個人選擇，只有你能作主

安樂死的時間是一種個人選擇，只關乎你自己、獸醫和毛孩。我不會告訴你何時該進行，但我能告訴你現在毛孩感覺如何、他的痛苦或不適指數，以及他是否已經做好準備離開身體。

有些動物對於身體不適的耐受度非常高，直說自己沒事。有些動物哀求我轉告照護人，盡快幫助他們離開身體。這世上最了解你家寶貝的人是你，最好的作法就是信任你的直覺，憑直覺做決定。

如果你仍然拿不定主意，請暫時放下情緒，思考哪種作法對毛孩最好、如何才能不再讓他繼續受到無謂的折磨？

身爲照護人，你必須站在他的角度思考，以他的最大利益爲唯一考量。

別等到毛孩的生死關頭才苦惱，現在就開始思考你對絕症或臨終的想法。死亡是解脫，不是終點。離開身體是進入靈性世界的全新起點。

第23章 死亡的痛苦

再見不是永別。再見不是終點。
就只是我會想你，下次再見！
——佚名

目睹毛孩安樂死的過程很艱難。我自己經歷過很多次，每次都一樣煎熬。注射的藥物進入血管後可能引發疼痛，毛孩可能會不舒服地哭喊。

有些獸醫會施打鎮靜劑讓毛孩冷靜下來，但副作用是血液循環速度可能會變慢，致命藥物要花更長時間才能發揮藥效。

動物極少提到穿越生死前一刻的掙扎，那大多是心臟停止前的自然反射作用。他們往往是抱著迫不及待的心情離開肉身，所以你看到毛孩痛苦掙扎的模樣，其實不是他眞正體驗到的死亡。

如果你對於毛孩安樂死感到愧疚，請想想以下幾點。如果你的出發點是基於愛，你的意圖是爲毛孩做最好的決定，毛孩會感受到你的愛，不會怪罪於你。

試想：你和毛孩度過的每一天，你都是全心全意照顧他、愛他。你把他餵得飽飽，帶他看病吃藥，八成也曾經爲了照顧他而取消某些行程。

毛孩知道你有多愛他。你幫助他離開身體時，他可以感覺到你的良善意圖。

如果你每天都在折磨毛孩，情況就完全不同了。如果你想傷害動物，動物會察覺到惡意。既然事實不是如此，那你大可以放心，毛孩絕對知道你是爲他好。

幸好，動物並不是很在意離開人間的臨終時刻。回想瀕臨死亡的經歷，動物通常只感到興奮又期待。

毛孩臨終時，你能爲他做的就是保持平靜的心情，送上滿滿的愛的意念。

第24章
火化還是土葬？

多麼幸運遇見了你，我才明白道別有多難。

——小熊維尼

毛孩身後事

動物的遺骸該如何安置？火化後把骨灰放在客廳的一角嗎？留給動物醫院集體火化？還是安葬在自家院子或將骨灰撒在毛孩最愛的地方？身後事是個沉重的話題，但是送走親愛的寶貝後，這是每個照護人都得面對的現實。

大多時候，毛孩的身後事都是在照護人深感壓力，或毛孩病重的情況下做決定。我聽過許多處置動物遺骸的有趣故事，從製作標本到入土爲安，處置方式簡直五花八門。而動物對此事的回應總是很有見地，帶我們從新的觀點看待身後事。

松露

松露

佩芮早早就想好當她最愛的約克夏松露告別人世時，她要如何處理松露的遺骸。隨著松露步入老年，身體期限將至，佩芮一想到要失去松露就心慌意亂。她完全無法想像見不到心愛寶貝的生活，所以她決定爲松露安排冷凍乾燥的遺體保存服務，這也不失爲是火化和土葬以外的另一個選項。

整個製作過程完成後，標本看起來栩栩如生。松露很高興，她說她覺得「自己很特別，感受到滿滿的愛」。

「那是我耶！」她露出大大的笑容。

成品的品質令人驚豔，彷彿松露就跟以往一樣趴在粉色枕頭上陪著佩芮，讓佩芮釋懷不少。比起主流的火化土葬，佩芮的選擇確實比較少見，不過後面還有其他案例。

土葬

比爾和安卓雅請我爲他們的貓麥斯做離世溝通，麥斯給我看一個木盒，上面刻著他的名字。

「木盒就放在這裡，在火爐旁邊。」得知麥斯知道這個木盒，他們又驚又喜。「把麥斯放在家裡，我們也比較安心。感覺就像他還在這裡陪著我們。」

梅莉莎預約了離世溝通，請我和她的兩隻貓莉莉與佩妮連線。接通莉莉的能量後，她一直給我看她一身烏黑亮麗的毛。「說說我的毛吧。」她表示。我心想莉莉可能天生麗質，毛很柔順，想讓梅莉莎知道她在靈界的朝氣模樣。

輪到佩妮時，她請我提到「我就在她的心旁邊」，並給我看了愛心的形狀。

後來梅莉莎解釋了這兩則訊息的意涵。兩隻貓過世後，梅莉莎把她們一部分的骨灰和貓毛裝進心型吊墜盒，做成項鍊戴在身上。兩隻貓很高興梅莉莎每天戴項鍊時都會想到她們，因爲她們感受到梅莉莎的愛。

毛孩對土葬的看法

大多毛孩穿越生死後，就不再與身體連結，只是很高興能展開全新的死後旅程，只有極少數毛孩才會提到自己的遺骸。

珊卓拉的丈夫選擇將過世的狗山米留給獸醫診所，跟著其他動物一起集體火化。當時珊卓拉正在外地出差，她得知後傷心欲絕。

自從山米辭世，珊卓拉就很擔心他會在死後世界迷路。但山米自己說，完全不必擔心，他一點也不在乎遺體如何處置。

「我已經不在那裡面了。」他說完給我看了一座後院，院子裡有水池和乘涼的戶外座位區：「跟她說我在這裡。」

珊卓拉終於放下心中的大石。山米以前最愛後院的小綠洲水池，他喜歡懶洋洋地躺在充氣墊上漂浮。

你開心最重要

我溝通過的毛孩之中，絕大多數對死後留下的身體毫不留戀。毛孩喜歡我們想起他們，所以就順著你的心去做吧。如果毛孩離家，或者沒留下遺體，你可以舉辦儀式、唸禱文、點蠟燭，或者純粹帶著愛緬懷他們就足夠了。

每當你想起毛孩平常健康快樂的模樣，他們就會覺得自己很特別，受到重視。終歸一句，只要你開心，他們都樂意成全。

動物有靈魂嗎？

我聽過一些說法，比如動物沒有靈魂，或者動物死亡後會直接回歸群體意識，不保留個體特質。我目前還沒遇過能證實這些說法的情況。

我溝通過的每隻動物都保有他們原先的個性。動物靈魂進入靈界後，可以選擇是否要進入集體意識。與這種靈魂群體合一後，靈魂會恢復能量，但他們仍保有與所愛之人的連結。

第25章 走出傷痛

生命的盡頭並非徒留感傷；
悲傷的過程是讓你的心有地方休養平復，接著再踏上療癒之路。

——凱倫・安德森從靈界接收到的訊息

面對失去心愛毛孩的痛，是人生數一數二艱困的難題。你可能會痛徹心扉，不知道接下來日子要怎麼過。各種突如其來的情緒紛沓而來，從拒絕承認、震驚、憤怒，到自責、懷疑、深切的悲傷。

悲痛也會影響身體健康，讓人食不下嚥、難以入眠，甚至思緒混亂。失去摯愛的人往往會出現這些生理反應。

毛孩非常愛你，他希望你盡早平復心情。他會時刻守護你，努力陪在你身邊，伴你走過悲傷的不同階段。

面對失去很辛苦，我們可以用健康的方法度過這段痛苦的日子。但在深入說明步驟前，我們先來認識什麼是喪親之痛。

承受重大失去時，感到悲痛是正常的自然反應。失去的對象有很多種，比如丟工作或分手，然而失去毛孩或摯愛親友是人生最深切的痛。

悲痛不是生病

悲痛不是病症，不屬於病理學或人格障礙的範疇。**悲痛不等於憂鬱症**，但是悲痛有可能引發憂鬱症。失去重要的人和動物後，平復之路並不容易。這不代表你很軟弱或有人格缺陷。

悲痛的常見表現

每個人受到喪親影響的方式不同，不論你在初期出現哪些反應，要知道這些反應幾乎都很正常。

震驚、懷疑、難過、憤怒、自責是最普遍的悲痛表現。你也可能會感到絕望、空虛或強烈的孤獨感。

你可能會很常掉眼淚，情緒不穩，也有人完全哭不出來。哭泣是難過的正常反應，但不是唯一的反應。即使沒有想哭的情緒，痛苦程度也可能不亞於其他人。他們只是用哭泣以外的方式表達悲傷。

生理反應

人們常以爲喪親之痛只會影響情緒，實際上身體也會出毛病，例如疲勞、作嘔、免疫力下降、體重減輕或增加、痠痛和失眠。

心碎症候群

失去摯愛後身體出現劇痛，代表你愛得很深、正在承受巨大壓力，並且你可能得了心碎症候群。

女性更容易罹患心碎症候群。如果身體感到疼痛，務必在第一時間尋求協助。

第26章 毛孩離世之後

總到別離時，方知愛之深。

——哈利勒·紀伯倫

身邊有人失去毛孩時，我們往往不知道如何安慰對方，也很難開口提起他們離世的毛孩。

我們不願惹對方傷心，也不想說錯話，所以很多時候我們選擇沉默。就算眞的開口，也表達得七零八落。

面對失去毛孩的人，我的建議是**避開**這幾句話：

- **他去了更好的地方**。意思是跟我一起生活的地方很爛。
- **至少他現在無病無痛了**。意思是我害他生病受苦。
- **可以再領養啊**。意思是毛孩可以被取代。我不要想別的動物，我想要我的寶貝。
- **生死有命，上天自有安排**。意思是上天要折磨我，讓我受苦。
- **至少你家還有其他寵物陪你**。我不想要其他的，我想要這隻毛孩回來。
- **放下吧，繼續正常過日子**。我還沒準備好放下，現在我心情更差了。
- **我知道你有多愛他**。你不知道我有多愛他。
- **我懂你的心情**。你不懂我心有多痛。
- **他跟你一起度過漫長快樂的一生，你應該高興才對**。我難過得要命，一起生活這麼久，失去他很痛苦。
- **你養過那麼多隻，應該早就習慣了吧**。心痛無法習慣，每次失去都是一次新的傷痛。

其他建議避開的話題

．**不要拿自己的痛苦與對方比較。**例如：「我的貓也剛走，我懂你的心情。」你不會懂我的心情，我的情緒只有自己知道。

．**不要講述其他毛孩不幸的死亡遭遇。**例如：「最近我姊不小心開車輾死她的狗，超慘。」

．**不要逗對方開心。**對方可能還沒收拾好情緒。

．**不要問對方：「還好嗎？」**我很不好，我非常絕望。

如果身邊有人的毛孩過世了，盡量多顧及對方敏感的情緒。或許回想自己過往失去所愛的經驗會有所幫助。下一章會聊到，小小的善意就能帶來無窮力量。

第27章 如何幫助失去毛孩的人？

每個正向意念都會助你走到正確的方向。

——佚名

失去毛孩後，很多時候我們只希望自己的傷痛被看見，我們不想好起來，想要有人理解自己的情緒。說出自己對毛孩的愛，可以幫助我們梳理糾結在一起的感受。

面對失去毛孩的人，你**可以這麼說**：

看見對方的傷痛

- 「很難過（毛孩名字）走了，我無法想像你有多難受。」
- 「這陣子對你來說一定很辛苦。」
- 「我會陪著你。」
- 「如果有什麼我可以做的，儘管開口。」
- 「如果你想找人聊聊，我都在。」

其他幫助對方的方式

那幾天、幾個星期、幾個月，記得不時問候一下對方。傳個訊息只要一分鐘，但是對失去毛孩的人來說意義重大。

・有時候什麼都不必說，安靜的陪伴就夠了。
・有些人只想獨處，不妨傳訊息或聯絡他，送上你的關心。
・送花、寫卡片、以紀念毛孩的名義捐善款。

想像你為對方的心灌注滿滿的愛，在心裡靜靜地送上所有正向意念。每個充滿愛的字句、每個善意的念頭，對方都會感恩珍惜。

第28章 如何療癒？

療癒是一門藝術，
需要時間、耐心和愛。

——瑪撒・多塔

走出失去毛孩的陰霾，啓動身心療癒，是每個人的必經之路，但是走法不盡相同。失去摯愛後，你可能會痛苦到無力面對他人，只想躲在自己的世界療傷。有些人需要獨處一段時間，獨自恢復平靜。他們不與人來往，一個人默默哀悼。有些人可能需要陪伴，有家人朋友在身邊，心情會好一點。不論你屬於哪一種，順從內心的想望就對了。如果找人陪，記得允許自己聊聊別的話題，轉移注意力。

尋求援助

大多人身邊都有願意伸出援手的親友團。就算你平時自認是堅強獨立的人，此時多依賴他人也不要緊，儘管向關心你的人開口吧。找朋友家人傾訴，或是參加支持療癒團體。

向宗教或靈性信仰尋求慰藉

有宗教信仰的人，如果有哪些身後事的儀式能給你帶來安慰，就儘管去做吧。唸禱文、靜心、上教堂等對你而言有意義的靈性活動，都能減緩傷痛。

如果因為失去毛孩而對信仰產生疑問，請找神職人員或宗教團體裡的其他人聊聊，聽聽他們的觀點。

他人的支持有助於療癒

參加支持團體，進行針對悲傷的輔導諮商，好好面對情緒。這些外在力量能幫助你踏上療癒之路。你一定要好好照顧自己，有需要就向外求援。離世的毛孩非常愛你，他希望你能早日釋懷。

萬一有自殺的念頭

少數案例的客戶透露自己有結束生命的念頭，他們不想活在沒有心愛毛孩的世界。幸好我在當警員時受過訓練，知道如何跟有自殺念頭的人應對。我鼓勵他們做心理諮商，走出傷痛。

請記得，你是毛孩在這世上最愛的人，他希望你保持喜樂的心，活出充實的一生。等到我們穿越生死的那一天眞的到來，就能與離世的故人和毛孩團聚，我們之間愛的連結將會變得無比強大。

第29章 輪迴轉世

你經歷過多次生死。
你是活了好幾世的靈魂。

——眞人眞事著作《死後人生》作者安妮・卡根

早在成為靈媒前，我就對輪迴轉世很有興趣。這個概念深深吸引了我，而且我有八成把握靈魂確實會再回來，多體驗幾次生命。如今，經過二十載的反覆驗證，我百分百確信動物有輪迴轉世，而且不只一次會回到照護人身邊。

我親眼見證數十則案例，確認動物會轉世回來找心愛的人類。所有故事都萬分動人，不過其中一則轉世案例最令我難忘。

比特犬老大

法蘭克家裡的五歲比特犬老大因爲遺傳疾病去世了。愛犬突如其來死亡令他傷心欲絕，他找上我，希望能聯繫上老大。

法蘭克起初不太相信，他事後坦承原本覺得輪迴轉世「根本是胡說八道」。但老大驟然去世，他有些疑問想釐清。

法蘭克上網搜尋到許

老大

多靈媒，但最後相中我的網站。我認爲是老大指引法蘭克找到我。

法蘭克問老大是否會回來找他，話一說完，我馬上接收到非常清晰的畫面和訊息。

老大告訴我，法蘭克會在星期三找到他，而且牽涉到另一位女性。老大還提到英文字母「T」很重要，以及關鍵字「很大」。

另外，老大說會出現一眼就能看見的暗示，並不斷提到英文字母「C」。法蘭克記住這些線索，滿懷希望地離開，等待老大回來的那一天。

約莫三個月過後，法蘭克寄了一封電子郵件，信裡附上一張比特犬寶寶的照片。法蘭克想知道是不是他的「小C」回來找他了。老大的英文原文是Captain，法蘭克都叫老大小C。

我一點開照片就聽到老大說：「是我啦！」他的興奮之情迎面而來。我回覆法蘭克：「是小C！」

小狗取名叫錢錢，額頭上有個字母C

線索完全符合

法蘭克說當時他在尋找適合領養的幼犬，結果某天所有線索都對上了。那天是星期三，名叫托妮（Toni）的女子家裡有幼犬開放認養，其中一隻小狗的額頭上有個字母「C」。

為了紀念老大，法蘭克將小狗取名為同樣是C開頭的錢錢（Cash）。我一看這隻小不點狗狗的照片，實在不敢相信，他的額頭上清清楚楚有個字母「C」。確實

錢錢長大變帥了！

是一眼就能看見的暗示！

唯一拼湊不起來的線索是老大說的關鍵字「很大」。直到多年後，訊息的意涵終於眞相大白。錢錢去動物醫院，體重量出來是非常壯碩的六十公斤，果然很大隻！

寫到這一章，我又回頭去問法蘭克，他怎麼看待這次的經歷。他說：「很震撼，當時完全不敢相信。奇蹟眞的會發生，我現在相信了。全都多虧了你，凱倫。」

這絕對不是我一個人的功勞，老大才是讓一切發生的關鍵，這是我們共同努力加上重逢時機成熟的結果。這則案例令人刻骨銘心，尤其小狗額頭上的字母更是畫龍點睛。見證法蘭克和老大團聚，是我永生難忘的時刻。

輪迴轉世沒有既定規則

世上對於輪迴轉世有許多看法見解，有些理論符合我在動物身上驗證的情況，有些觀點則遠遠超過當代人的想法。我只能就自身經驗出發，分享執業多年以及從動物身上學到的事情。

首先，並不是滿足特定條件或規則，毛孩就一定會轉世再來。至少目前我還沒發現任何重複的規律。

但是有一條宇宙法則掌管了每個動物的靈魂及其生生世世：靈魂每次都是帶著獨特且富有意義的使命投胎，動物的靈魂可能會轉世一次、很多次，或是不轉世。

這條宇宙法則又稱爲靈魂契約、阿卡西紀錄或生命之書。契約不是一開始就寫死，反而比較像指南或導航器。每次狀況改變，協議就會跟著變動。

我學到每個人都屬於一個靈魂團體，成員有動物、人類、指導靈。團體內每個靈魂講好了，要幫助彼此在肉身狀態下學習成長。

這份約定牽涉到生生世世的輪迴。每次來人間的實體世界前，每個人會選擇這一世要學會的課題，而其他人和動物會創造讓此人學會課題的最佳機會。

如果你的毛孩特別難搞，你的課程可能是學會耐心或包容，也有同理心、寬容、勇氣等不同課題。每個毛孩都是帶著一個新課題來到你身邊，而且通常越難照顧的毛孩，越能幫助你成長學習。

如果狀況有變，我們和毛孩的協議也會改變。比如你和你的馬原本約好要再一起生活，那麼只要天時地利人和，馬的靈魂就會再來投胎。

但如果情況變了，比如你離開農場搬進公寓，你們之間的約定就會改變。既然公寓不能養馬，那個靈魂可能會變成體型較小的動物，如鳥、貓或小型犬。

所有動物都會輪迴嗎？

就我的個人經驗來看，確實有部分動物沒有繼續輪迴。那些動物說，他們的任務已經完成了，沒必要再回來塵世了。也有動物很期待再來，已經準備好在對的時機重返人間。

偏心

你是否曾經想過，爲什麼其中一隻毛孩離世最令你撕心裂肺？每隻毛孩都是心肝寶貝，但好像總有一隻毛孩在你心中占有最重的分量。我們當然盡量做到不偏心，可是這隻毛孩與你的連結最深，這是不爭的事實。

最主要的原因是你和這隻毛孩過往一起共度幾輪生命，你們的靈魂已經一起生活數百次以上。所以從靈魂層面來講，比起素未謀面的毛孩，你跟這隻毛孩確實會更親密。

前幾世的經驗會累積，這些記憶會以能量的形式跟著我們一起轉世。幾百世都陪著你投胎的毛孩，無疑會是你最在乎的寶貝。

所以別擔心，這不是偏心。你和這隻毛孩在一起特別快樂，因爲那是累積了多重轉世的喜悅。

輪迴的方法

動物的輪迴管道不只一種。我最常遇到的三大方法是：新生法、轉身再來法、共享靈魂法。每隻動物都是獨一無二的存在，他們輪迴的條件情況各不相同。

新生法

最常見的輪迴是新生法，包含一個完整的生命循環。首先，毛孩過世後會在靈界待上一陣子，時間長短不一，但就我觀察大概是三至五年以上。

等到機緣成熟，動物會開始尋找新身體。大多案例中，毛孩靈魂會在生命受孕的那一刻或不久後進入新身體。

我也聽過毛孩說，新生動物出生後正要張開眼睛，他們才進入身體。照顧過剛出生動物的人就知道，新生兒一開始沒什麼個體特徵，他們吃飽睡、睡飽吃，行為很一致。然後一夜之間，每個小傢伙開始展現個性。有些毛孩說那就是靈魂進入身體的時間點。

藉由新生轉世的動物通常不會夭折或提早離世，因為他們已經在靈界好好休養生息過了。

請記得，轉世再來的靈魂並非前一隻毛孩的翻版，新來的老朋友會有自己獨特的本質。大多時候，如果照護人還沒走出悲傷進行自我療癒，毛孩就不會去投胎。

轉身再來法

轉身再來法是指動物死亡後，只在靈界稍作停留，就立刻重返人間進入新身體。轉身再來的靈魂可能無法壽終正寢，但能創造重大的意義。肉身死亡後回到靈界，靈魂可以恢復活力，徜徉在愛的純粹能量裡。靈魂在這個充滿愛又能補充活力的地方待得越久，下輩子的壽命就越長。

莎笛回來了

辛蒂的貓莎笛過世後，辛蒂便請我確認莎笛會不會輪迴轉世。莎笛說她打算立刻回來，還描述新身體的外型，以及辛蒂該去哪裡找她。

莎笛一世

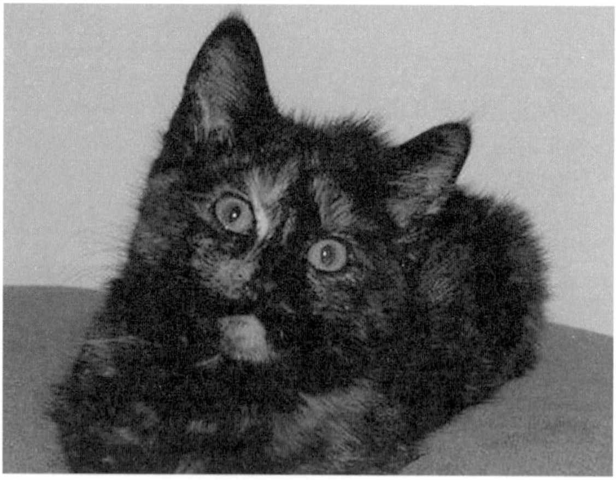

莎笛二世

不久，辛蒂回報她和莎笛二世團圓了，還傳了好幾張新小貓的照片。親愛的毛孩回到身邊，辛蒂高興得不得了。可惜莎笛二世很快就染上致命病毒，在辛蒂的懷裡斷氣。

莎笛二世穿越生死後兩個月，我和她連線問候狀況。那次溝通她傳來許多充滿愛的訊息，但其中一段話讓辛蒂驚喜不已。

莎笛二世說她很擔心辛蒂菸抽太凶，問辛蒂喜不喜歡她送的氣球。辛蒂聽了倒抽一大口氣，她說昨天是她生日，她很想念莎笛。上班到一半，辛蒂出去抽根菸。她注意到有東西在走道的另一端飄動，結果是幾顆生日氣球卡在矮樹叢裡。莎笛二世說她送氣球是想讓辛蒂知道她很愛辛蒂，在生日當天也惦記著辛蒂。

雖然莎笛二世的生命很短暫，兩隻貓分別都在辛蒂最低潮的日子陪在她身邊。知道莎笛的靈魂仍與她連結，甚至在她生日當天送上氣球，辛蒂感到寬慰許多。她更有力量走出傷痛，開始自我療癒。

共享靈魂法

輪迴轉世的另一種方法是，動物以較老的靈體型態回來，與世上另一隻動物共享靈魂。這種方法獲得的壽命通常較短，因爲共享一個靈魂會讓肉身以兩倍的速度衰亡。

約翰的洛威拿犬露娜過世後幾個月，約翰聯絡我，說有一隻流浪狗出現在他工作的地方，他覺得他跟那隻狗莫名地特別有緣。

約翰說感覺好像他們已經認識很久了。他把那隻流浪狗取名叫布朗克，布朗克有很多習慣跟露娜一模一樣，彷彿布朗克同時擁有兩種性格。他想知道是不是他自己在胡思亂想。

我跟露娜連上線，她說她用**共享靈魂**的方式回到約翰身邊。她形容了布朗克的外觀，說她想在約翰陷入低潮時陪在他身邊。

我將這些訊息轉達給約翰，約翰解釋他最近剛離婚，失去孩子的監護權，既沮喪又孤單。露娜抓住機會回來，跟布朗克共享靈魂，想多陪陪約翰。

約翰聽完鬆了一口氣，果然不是他在亂想，同時他也很高興露娜回來了。他們又一起生活了兩年，布朗克罹患癌細胞增生快速的癌症，確診後兩三個月內離世。他伴著約翰度過了最孤單寂寞的日子。

關於輪迴轉世的常見錯誤迷思

下面列出幾點有關輪迴的錯誤觀念：

- **動物只能靠投胎轉世**。錯了，如同我前面所述，輪迴有幾種不同的管道，包括轉身再來、共享靈魂、新生法等。
- **只要夠努力，動物就能轉世**。錯了，協議一開始就約定好是否會輪迴。如果協議另有安排，再多祈禱、許願和希望都無法讓動物回來。
- **貓狗投胎只能再當同樣的動物**。錯了，大多時候，他們會再當一次同樣的動物，但如果換成其他動物對這個靈魂來說是最好的安排，那也可以換成其他動物。

- **毛孩一定會長得跟前一世一模一樣**。錯了，如果動物已經選好身體，他們會讓我看到新身體的樣子，體型和毛色可能都會改變。
- **動物不能投胎當人類，反之亦然**。錯了，我遇過回來當人的動物靈魂。人類靈魂的振動頻率跟毛孩差異甚大，但並非不可能。
- **毛孩的性別會跟前世一樣**。錯了，兩種性別的轉世靈魂我都遇過，性別對毛孩的影響似乎不如對人類來得大。
- **如果沒找到轉世的毛孩，他們這一生就會跟別人共度**。錯了，你的毛孩注定會跟你在一起，不會跟別人。
- **轉世再來的毛孩是前一世的翻版**。錯了，輪迴不是複製技術，離世動物的靈魂會跟新的靈魂結合。
- **如果毛孩沒轉世，表示不愛我們或我們是很爛的家長**。錯了，沒轉世表示另有安排，跟愛不愛或是否照顧失當無關。如果這一世來之前就決定好要再來，那就會發生。

・**毛孩只能轉世一次**。錯了，我遇過轉世多次的靈魂，只不過後面幾世的壽命都相對較短。

如何邀請毛孩回來

如果希望毛孩轉世再來，有幾項事前準備可以先做。前面說過，會不會轉世早在這一世來人間之前就約定好了。但如果轉世是對這隻毛孩最好的安排，你還是可以邀請他再來找你。對毛孩說，如果從靈魂層面來看，你們兩位的時機都成熟，你很歡迎他再回來。你可以把這份邀請當成禱文唸出來、在心裡默默講，或是如果毛孩在場，也可以說給他聽。

要知道，毛孩不會純粹爲了滿足我們的需要而轉世。出生前的協議和宇宙法則才是掌管靈魂轉世的關鍵。

毛孩選擇待在靈界

離世毛孩告訴我，比起用身體在塵世活著，他們從靈界能更容易幫助我們。毛孩很開心能夠愛我們、守護我們，幫助我們活出精采的人生。

輪迴轉世最重要的一點是，毛孩通常要等到我們走出失去摯愛的悲傷，身心完全恢復後，才會轉世再來。

毛孩爲我們帶來的其中一項寶貴課題，就是經歷失去的折磨和道別的痛苦。所以我們必須學會面對並接納這些情緒，毛孩才有可能回來。慢慢來，完整走過悲傷的階段，正視內心感受，感謝有他陪你度過的時光。

第30章 最後一則故事

在死後世界與故人團聚後，我們比在人間更加毫無保留地愛彼此。

——眞人眞事著作《死後人生》作者安妮・卡根

本書來到最終章，我想在最後講個故事，總結一下毛孩對我們的愛究竟有多深。這份愛無窮無盡，永垂不朽。

在人間生活時，毛孩全心全意愛著我們；穿越生死後，他們仍是我們生命的一部分。離世毛孩只願我們想起他們時會揚起微笑，開心地珍惜過往生活點滴，而不是讓最後的悲傷別離占據整個心頭。直到重聚的那天來臨前，毛孩會持續守在我們身邊。

我們離開人間的那剎那，心愛的寶貝就會等著迎接我們回家，回到這一世投胎前的地方。

米克斯㹴犬古魯

某天下午，我正在做溝通前的準備，待會要為退休消防員丹尼斯和米克斯㹴犬古魯做離世溝通。早在丹尼斯打來辦公室之前，古魯的能量就已經清晰地現身了。古魯周圍還有一名女子的能量，感覺非常不情願。

「我爸不舒服。」黑白雙色的古魯對我吐露這件事。「我要幫他。他的心會痛。」

當時我以為他指的是丹尼斯因為失去愛犬而心痛不已，所以不覺驚訝。毛孩常說他們能感覺到自己離開時，照護人有多悲傷，所以我只當古魯也在說同一件事。

我做完靜心後，等著丹尼斯打電話進來。溝通一開始，古魯就傳來更多詳細的資訊，包括丹尼斯最近嚴重摔傷，讓他很擔心。古魯說那次摔得很大力，造成多處骨折。

丹尼斯聽了目瞪口呆，直問：「他怎麼看得到？一個月前，我的腿摔斷成兩截，但古魯已經過世三個月了。他竟然知道，太不可思議了。」

我向丹尼斯解釋，古魯的能量就在他身邊，看得見他發生了哪些事。

「你們之間的愛非常強大。」我說：「我一點也不意外古魯時時都守護著你。」

接下來發生的事，讓丹尼斯驚訝到說不出話來。

「有一位年紀較大的人類能量跟著古魯一起出現，感覺是媽媽或奶奶的能量。我聽到L開頭的名字，蘿拉或琳達。」我說。丹尼斯深深呼出一口氣，不發一語。

「這個女性能量抱著古魯。」

丹尼斯還不想原諒

「你願意聽這個人帶來的訊息嗎？感覺是你媽媽或奶奶。」我出聲問道。這兩位之間肯定發生過什麼事。

丹尼斯猶豫了一下才回答：「好吧。」

丹尼斯解釋他和媽媽蘿琳達的關係很差。她臨終時甚至拒絕見丹尼斯，因爲當時他們已經多年未聯絡。

「她討厭狗。」他說：「從小我媽就不准我養狗。沒想到他們會一起出現。」丹尼斯說他這輩子幾乎沒感受過母愛。媽媽酗酒、對止痛藥上癮，他從很小的時候就覺得自己沒人愛。

「她不肯花錢在狗貓身上，這樣她才有錢買更多的酒。」他說。

我向丹尼斯說明，因爲他媽媽和古魯都很愛他，所以在靈界，他們都是他靈魂群體的成員。

「我媽才不愛我。」丹尼斯苦澀地說：「她把我當成負擔，徒增她的困擾。她唯一愛的就是把自己灌醉。」

丹尼斯當時聽不進我接下來這番話。

「她請我告訴你，她很喜歡古魯，古魯正在幫助她學習如何去愛，幫助她看見這輩子犯下哪些大錯。」

蘿琳達還沒準備好向兒子表達愛，但她已經在正確的道路上踏出第一步。她採取實際行動，出現在這場溝通，表達自己對古魯的好感。

有些人穿越生死後，言行和觀點都會改變，丹尼斯的媽媽也不例外。她正在學習如何敞開心胸，表達對兒子的愛，這都是古魯的功勞。

開始蛻變

丹尼斯陸續又約了幾次溝通，每次蘿琳達都會出現。對談時，我注意到丹尼斯的態度開始轉變，他更常開口大笑，願意分享跟古魯的美好回憶，也似乎眞心想聽媽媽傳來的訊息。

丹尼斯變成常客，我們大概一個月左右聯繫一次，聊聊他的生活近況。

有一次丹尼斯失約，我當下就知道事情不對勁。我陸續寄了幾封電子郵件，但是全部石沉大海，我暗自希望他只是生活太忙碌。兩個月後，我收到一張卡片，寄件人是丹尼斯的妹妹克莉絲汀。

親愛的凱倫：

寫這張卡片是想告訴你，我哥哥丹尼斯上個月在睡夢中安詳辭世了。想必他從未透露自己有嚴重的心臟病吧，這種病會讓心臟周圍的結締組織變得很脆弱。這些年來，他一直在對抗病魔。兩年前，他心愛的古魯去世後，我們以爲他肯定撐不過這關。沒想到他第一次請你做溝通之後，病情就開始穩定下來。

凱倫，丹尼斯遇見你之前，他過得非常抑鬱，深陷在失去古魯的痛苦深淵裡，無法自拔。多虧有你，他變了一個人，這也是爲什麼我要寫這張卡片給你。丹尼斯每次都很期待跟你進行溝通，收到古魯的訊息讓他心情平靜許多。更棒的是，你還能跟我們的媽媽連線。雖然媽媽生前和我們的關係很疏離，但丹尼斯最後終於原諒她了。

我得承認，我以前不相信靈媒。丹尼斯第一次告訴我溝通的事情時，我聽了只覺得是神棍在胡說八道。但我現在相信了，因爲我親眼見證哥哥的轉變。我只想說，哥哥能遇見你眞是太好了，我們全家何其幸運能受到你的幫助。

因爲他很期待每次的溝通時間，我相信他因此找到了活下去的新目標，一改原本打算放棄生命的想法。

我想問能不能跟你預約一次溝通，跟我哥哥和其他願意現身的對象聊聊天。

謝謝你願意運用你不可思議的天賦，讓我和哥哥多出兩年的時間好好相處。

回顧這段往事，我才發現古魯劈頭就說爸爸的心會痛。我以爲古魯說的是情緒上的心痛，現在才知道他的意思不只是心情悲痛，也包括了丹尼斯的心臟疾病。

現在我非常期待和克莉絲汀通話。丹尼斯穿越生死時，古魯和媽媽都來接他。想到丹尼斯和心愛的古魯團聚，我就心頭一暖。

與丹尼斯的第一場溝通結束後，我寫了一首詩，但從來沒拿給他看過。丹尼斯穿越生死後，我把這首詩唸給他聽。他的臉龐閃耀著愛的光芒，親切地對我豎起兩根大拇指。

親愛的人類，
今天一切又再重演。
我依偎在你身邊，
深情地保護熟睡的你。世界這麼大，我只想跟你在一起。
我輕推你幾下，你毫無反應。
接著你起床，我快樂地在你的腳邊打轉，用眼神對你微笑，看著你收拾東西，出門上班。

車子開上高速公路，我用愛的能量層層將你圍繞，頭輕靠你臂彎。

有一刻你想起了我，我感覺到你心中的憂愁。

我再次試著告訴你，我就在這裡，在你身邊，

但你刻意不去想我，逃避痛苦的深淵。

我多想告訴你，

你難過我就傷心。你高興我就開心。

我整天陪著你，

耐心等著你想起我，想起我們度過的歡樂時光。

但是你的心塞滿愧疚懊悔，眼眶盈滿淚水，我只能在旁束手無策。

你幫助我離開衰敗的身體，我一點也不怪你。

在我看來，那是愛能給予的最大贈禮。

我的靈魂健在，巴望著哪怕一刻也好，你能用愛與喜樂的心想起我，

珍藏往昔的生活點滴。
明天、後天、大後天，我會繼續努力。
親愛的人類別忘記，我們的靈魂永世相連，因爲愛的聯繫永恆不滅。

——凱倫・安德森

毛孩只想跟我們在一起

看完第1章班迪和丘丘的故事就知道，我們和離世毛孩的連結不會斷開，只要一念之間，他們就能回到我們身邊。毛孩希望我們快樂，也會在我們跌至低谷時守護我們。死後世界不存在時間，所以不論過幾年都一樣。毛孩的愛恆常不變，他們在靈界耐心等待與我們重逢的日子。每次想起離世毛孩，不妨想像他舒適地緊靠著你，因爲他哪裡都不想去，只想跟你在一起。

後記

活出眞實的自己，在世和離世毛孩都會因此受益

從第一篇故事一路寫到這裡，我們探討了動物死後生命的許多面向，希望有成功爲你帶來耳目一新的觀點。

但願你現在更了解毛孩穿越生死、離開身體後的實際狀況。毛孩在靈界過得很好，健康快樂，而且比以往更加愛你。他的使命是幫助你的靈魂在這一世去愛、去學習、成長。毛孩與你只相隔一念之間，他會不時捎來暗示，讓你知道他就在這裡。

離世毛孩傳送的訊息非常詳盡，無可否認他們確實以靈體型態存在於死後世界。

你和毛孩的連結永遠都在，即使肉體死亡也不會斷開，他會在靈界繼續指引你、守護你。他希望你能按照自己的步調走過悲傷的階段，因爲他一心只想要你快樂，過著充實的人生。

正視你的天賦

如果要活出最精采的人生，正視自己的天賦，我們勢必要先邁出第一步，踏上未知的道路。或許一開始路途崎嶇，但日後的回報絕對値得付出努力。我正視了自己的靈媒天賦，踏上動物溝通之路，但這不代表生活從此一帆風順。對靈性一無所知、無論如何都不相信動物溝通的人對我發動無數言語攻擊，寫下各種惡言惡語。如果我無視天賦，找份正常的工作，生活會輕鬆得多。就連家人也不同意我的選擇，對我繼續從事靈媒工作表示不解。旁人拿著放大鏡檢視我的一言一行，工作生活難免不順心，面對這一切，我始終堅持做自己，我的人生也因此大轉變。

希望這本書裡的故事能啓發你思考，找出上天賜予的天賦，徹底運用發揮。別讓他人改變你，也別受他人影響而偏離你的靈性道路。只要活出眞實的自己，各方機運都會來到你的面前。正視天賦，追隨夢想，你會發自內心感到喜悅，所有在世和離世毛孩也會因此受益。

如果你有任何想法意見，歡迎來信。

謝謝你和我一起踏上這段美妙旅程，認識動物不可思議的死後生命。祝福你和所愛的毛孩身心平靜，喜樂無比。

謝辭

寫作本書期間，許多美好的人給予我愛和鼓勵，我想在此感謝他們。所有不吝提供意見和見解、幫助我拼湊細節、看清全貌的人，沒有你們，這本書絕不可能成為現在的樣貌。

我的母親，烏蘇拉．瓦思納：我全心全意地愛你。你是我最好的朋友，有你這麼棒的媽媽是我的福氣。再多言語也不足以表達我多麼感謝你這些年以及在本書寫作期間給我的愛與鼓勵。謝謝你讓我發揮自己不尋常的天賦，有你的愛作為靠山，我能全然活出屬於自己的人生。我永遠愛你。

我的阿姨與姨丈，雷娜特和戴夫．米喬德：謝謝你們協助手稿的相關事宜，也謝謝你們幫忙校正。雷娜特，你憑藉對文字的敏銳度抓出了好多我肯定會遺漏的錯誤。謝謝你提出寶貴意見，聽我滔滔不絕地講寫書的事情。最重要的是，謝謝你在我最需要的時候陪在我身邊。容我對你的愛、支持和善良獻上深深的謝意。幸好有你們，我才不至於迷失方向。多虧有你們，現在我身邊才有這麼多美好的人事物。我好愛你們。

我也要感謝安妮．卡根，謝謝你親切地付出善意、愛與鼓勵。我永遠銘記在心。

吉兒．曼基諾：謝謝你美麗的光和無私的心，宇宙在最適當的時間安排你踏入我的生命。

我最喜歡的薩滿，羅恩．索勒：我們之間的連結簡直是「只應天上有」。謝謝你帶我見識生命超常的那一面，那些大笑、瘋狂時刻、桃子、天使長、愛爾蘭、曼雷薩城堡、被榨乾、龍、地精、仙子、妖精、汽艇和偷帽子。誰想得到原本持懷疑態度的人會變得堅信不移？我已經等不及想看我們倆會寫出什麼書了。我和動物們都非常愛你。

我的懸案夥伴，安基爾．尼佛斯：我何其榮幸和幸運能與你共事。你是個很棒的人，才能出眾又特別。謝謝你出現在我的生命裡。我愛你，朋友。

我的好朋友，泰瑞莎．梅納：這些年以及寫書的這段日子，很謝謝你的愛與鼓勵。謝謝你願意幫忙，在我不斷修改文稿的期間保持耐心。身爲傑出的女性，你激勵了我努力邁向更高的境界。很榮幸能與你作朋友，我好愛你。

我的好朋友，黛安．史波西里：少了你，我不可能寫出這本書。你對每個章節提出的意見都至關重要。你超棒，而我永遠心懷感激。我好愛你、賴瑞、唐諾和所有的貓咪。

讀過初版手稿的勇敢好朋友們：琳恩諾．布勞克、萊斯莉．布圖、瑪麗安．布圖、黛安娜．羅伯茲、卡菈．海因斯、艾瑞克。謝謝你們不吝出借智慧給予指教，你們每一位都是協助定稿的推手，對此我永遠感恩。我好愛大家。

特此感謝艾瑞克：謝謝你收留許多值得被愛的特殊貓咪，用心照顧他們。你好棒。

茱麗・史密斯：我代表許許多多迷途、受驚、挨餓的貓，謝謝你當他們的人類媽媽和照護人，提供一個溫暖的地方讓他們安頓下來。

我的靈媒朋友們，你們的優秀天賦深深鼓舞了我：芭芭拉・麥基、賽斯・麥可、「歐若拉」雪倫・路易斯、泰瑞莎・克里福。我好愛你們。

所有親愛的客戶：謝謝你們信任我，願意讓我跟你們摯愛的動物和人類溝通。沒有你們，就沒有書裡的這些故事。謝謝你們過去兩年來的愛與鼓勵。

特此致上愛與感謝：勞利・阿肯、謝爾・安德魯斯、帕姆和鮑伯・亞瑟、喬・艾伯森、安吉・貝爾、凱蒂・布蘭布林克、瓊・B、法蘭・貝爾、艾米・波納科索、瑪麗亞・博尼諾、朱迪・卡塞爾、凱文・庫克、康妮・克蘭德爾、卡羅琳・戴維森、史蒂文・德羅斯、南希・多林安、雷耶特・伊頓、桑迪・芬斯特馬赫、凱倫和吉姆・弗雷澤、喬迪・加特曼、克麗斯汀・格雷、法蘭克・格林、凱西・費德勒、史蒂夫・菲爾金斯、卡洛・海恩斯、菲利斯・哈姆林、黛比和理查・哈斯勒、基特・賈戈達、蓋爾和托比・約翰遜、凱蒂・蒙塔納・喬丹、艾倫・凱利、蒂基・

金、蘭迪・科瓦奇、露絲・克拉夫特、蓋爾・拉默斯、珍・拉雷摩爾、瑪麗・利爾加、崔斯坦・大衛・盧奇奧蒂和艾米・卡斯特拉諾、伊麗莎白・馬扎克、傑基・麥克馬納斯、吉莉安・莫薩波、卡拉・內格雷特和尼克・約翰遜、喬安・尼爾森、喬迪・紐曼、琳達與蓋瑞・歐卡西奧、莫妮卡・帕菲特、帕姆・禮比、辛蒂・理查茲、瑞秋・西爾斯、傑爾・史特勞布、凱西・沙特爾、卡羅琳・史密斯、茱麗・史密斯、菲利斯・史都華、艾德麗安・S、妮可・史特里克蘭、卡麗莎・托馬斯、南希・特拉蒙塔諾、南希・圖西洛、丹尼斯・韋伯、莎拉・韋爾特、邁可・懷特、露絲・威爾豐、傑伊・維爾伯格、艾德加・約赫、帕蒂・B・茲拉曼尼。

特此感謝朗妮・雷內：謝謝你，你對這份手稿的貢獻無可比擬，這份恩情我會永遠銘記在心。

特此感謝丹尼和凱瑟琳・白克雷，謝謝你們超棒的背書和從不間斷的支持。

特此感謝理查・哈斯勒，謝謝你拍下封底那張偷帽子的照片。

特此感謝雪柔・奈特：謝謝你為這本書校對編輯。

我要謝謝詹姆士．萊恩替本書設計了美麗的封面，以及謝謝諾爾．摩拉多負責排版與設計。

如果我遺漏了誰，還請原諒我的無心之過。請捎個訊息，好讓我在新版本補上。

最後，我要謝謝我們的神與神聖造物主、我的眾指導靈、諸位大天使以及幫助我實現這輩子使命的所有靈界靈魂。

附錄

影片與書籍推薦清單

白光超自然洞察團隊（White Light Paranormal Insight Team）

https://www.facebook.com/WhiteLightParanormalInsight/

凱倫是白光超自然洞察團隊的一員，以遙視靈媒的身分提供通靈資訊和預象。

~引導靈體，爲人類賦予力量

「本團隊宗旨是協助大眾辨別及驗證超自然活動，盡自身最大能力找出解決方法，並盡可能幫助正在受苦或尚未安息的靈體。」

紀錄片

◎《無處不在》（All Around Us）

www.allaroundusfilm.com

這部紀錄片以靈媒和通靈人賽斯・麥可（Seth Michael）爲主角，深入幕後一探賽斯的世界。賽斯的幾位靈媒密友也在此片登場，包括動物溝通師凱倫・安德森。

書籍

◎《聆聽萬物的聲音！》（*Hear All Creatures!*）**凱倫・安德森著**

全球各地愛動物的人士都在談論這本書。

凱倫娓娓道來成爲動物溝通師的心路歷程。小時候凱倫第一次發現自己的天賦，卻因爲突如其來的不幸事故刻意封印能力。原以爲能力就此消失，直到與一隻小白鴿的對談徹底改變了她的人生。

靈界傳來的訊息博大深奧，充滿希望與療癒的能量，有時也會聽了忍不住落淚。深入認識死後世界，以及身處靈界的感覺、放眼望去的景象，和毛孩正在靈界做些什麼。了解爲何我們和動物的連結如此深刻，甚至超越了人際關係。

學習與動物同伴建立更親密深層的連結，聽懂動物想表達的訊息。只要你愛過動物、曾失去動物，或經歷過生離死別，本書將爲你帶來療癒身心、見解深刻的訊息。

◎**《毛孩的祕密內在生命》**（*The Secret Inner Life of Pets*）**派翠夏・卡靈頓醫師暨博士、凱倫・安德森動物溝通師著**

頂尖臨床心理學家與動物溝通師破天荒聯手出書。

派翠夏・卡靈頓醫師暨博士是一名教授、作家，也是現代能量心理學療癒技巧的先驅。她從獨樹一幟的心理學觀點出發，分析動物溝通師凱倫在溝通時與動物的互動。

◎《神奇的超自然經歷第二輯》（Amazing Paranormal Encounters, Volume 2）

本系列收錄精選超自然撞鬼故事，第二輯最後一章由凱倫．安德森撰寫。

Eurasian Publishing Group
圓神出版事業機構
用心與你對話・視野無限寬廣
如何出版社
Solutions Publishing

www.booklife.com.tw reader@mail.eurasian.com.tw

Happy Family 091

動物也有今生來世：動物靈媒師的美好訊息

作　　者／凱倫・安德森（Karen A Anderson）
譯　　者／蔡孟儒
發 行 人／簡志忠
出 版 者／如何出版社有限公司
地　　址／臺北市南京東路四段50號6樓之1
電　　話／（02）2579-6600・2579-8800・2570-3939
傳　　真／（02）2579-0338・2577-3220・2570-3636
副 社 長／陳秋月
副總編輯／賴良珠
責任編輯／柳怡如
校　　對／柳怡如・歐玟秀
美術編輯／金益健
行銷企畫／陳禹伶・林雅雯
印務統籌／劉鳳剛・高榮祥
監　　印／高榮祥
排　　版／陳采淇
經 銷 商／叩應股份有限公司
郵撥帳號／18707239
法律顧問／圓神出版事業機構法律顧問　蕭雄淋律師
印　　刷／祥峰印刷廠
2024年2月 初版
2024年9月 3刷

定價320元　ISBN 978-986-136-680-7

委屈怨懟且不斷發胖的女孩、不明原因暈眩的OL、時刻擔心恐慌發作的企業菁英、厭食棄學的高中女生、跌落神壇的大演說家、自責老公外遇的少婦……這些人都藉由治標又治本的身心互動法，重塑大腦記憶，修復了潛意識創痛，找回了自己的幸福人生！人生的難題和苦痛，回到愛裡都有解！

——《意念導引》

國家圖書館出版品預行編目資料

動物也有今生來世：動物靈媒師的美好訊息／凱倫．安德森（Karen A Anderson）著；蔡孟儒 譯.
-- 初版. -- 臺北市：如何出版社有限公司，2024.02
240面；14.8×20.8公分. --（Happy family；91）
譯自：The amazing afterlife of animals : messages and signs from our pets on the other side
ISBN 978-986-136-680-7（平裝）

1. CST：通靈術　2. CST：動物心理學

296　　112021761